JOSE EMILIO GONZALEZ

POESIA Y LENGUA EN LA OBRA DE FRANCISCO MANRIQUE CABRERA

EDITORIAL CULTURAL, INC.
Roble, 51
Río Piedras, P. R.
1976

Depósito Legal B. 23.492-1976
ISBN 84-399-5352-6
Printed in Spain
Impreso en España

GRAFIMAR, S. A.
Rocafort, 152
Barcelona (España)

INFORMACIÓN PERTINENTE

Este libro se desarrolló a partir de un trabajo que escribí para ser leído en un acto que formaba parte de las celebraciones de la Semana de la Lengua, el 24 de abril de 1974, con el título «Poesía y Lengua en la Obra de Francisco Manrique Cabrera», en la Universidad de Puerto Rico, Recinto de Río Piedras. El mismo trabajo fue leído en el Ateneo Puertorriqueño, en San Juan, la noche del 25 de abril. El interés y entusiasmo que generó en mí el estudio de la poesía de Manrique Cabrera me impulsó a ampliar la conferencia original. Este libro no es, ni pretende ser, un estudio agotador de esa obra de creación. Tampoco es un ejercicio en crítica literaria. Si llegara a incitar a otros en exploraciones me sentiría justificado en mi empeño.

Deseo dejar constancia aquí de mi agradecimiento al doctor Francisco Manrique Cabrera por los datos y materiales que me suministró y por su actitud siempre de cooperación. También a doña Josefina Freiría de Cabrera por las fichas bibliográficas y documentos que puso a mi disposición. Además, debo agradecer al señor Juan Martínez Capó su estímulo para que ampliara el trabajo inicial, y a mi esposa, Zoraida del Carmen Capllonch Meléndez, su constante ayuda.

José Emilio González

Río Piedras, Puerto Rico,
30 de mayo de 1974.

HOMBRE Y OBRA

Maestro de generaciones

Autor de la primera *Historia de la literatura puertorriqueña* (Nueva York, Las Américas Publishing Co., 1956), profesor de la misma materia por largos años en el Departamento de Estudios Hispánicos de la Facultad de Humanidades de la Universidad de Puerto Rico, poeta de gran valía, crítico, ensayista de nota, con interés especial en y devoción profunda al carácter y a la obra de Eugenio María de Hostos, Francisco Manrique Cabrera es una figura cuyo nombre queda permanentemente grabado en la historia de nuestras letras nacionales.

Maestro de generaciones, en el aula, en el pasillo, en la calle. Hacia él han gravitado, por atracción natural, los jóvenes en busca de aliento y orientación. Maestro también de la conciencia cívica, puertorriqueño íntegro, patriota-veterano de tantas lides, dejo aquí constancia de mi admiración y respeto.

En la biografía de Francisco Manrique Cabrera hay mucho que espigar. Abundoso cosecho recogerá quien se interne en sus escritos en plan de estudioso a fondo.

Por mi parte, en esta ocasión, deberé limitarme a hacer algunas exploraciones en la obra poética de Manrique Cabrera. Urgencias de tiempo y espacio me obligan a confinarme dentro de la poesía en verso.

Un solo sistema de expresión

Se me perdonará, al principio, dos alusiones personales. Conocí a Francisco Manrique Cabrera hace muchos años, cuando yo era estudiante en la Escuela Superior José Gautier Benítez, en Caguas. Leopoldo Santiago Lavandero daba esa noche un recital, principalmente de poemas de Luis Palés Matos, pero incluía algunas composiciones de Manrique Cabrera, muy posiblemente «Los Piladores» y «Balada de la Flor Niña Muerta». De modo que desde el inicio situé a Manrique Cabrera en un ambiente de poesía y creación.

Al cabo de los años vine a enseñar a la Universidad de Puerto Rico. Cuando solía preguntar a los discípulos de Francisco Manrique Cabrera qué era lo que más les impresionaba de él como maestro, la respuesta era, más o menos, la siguiente: «Muy original, sobre todo, en su uso de la lengua.» Destacaban ellos no sólo que Francisco Manrique Cabrera perseguía siempre puntos de vista originales, ideas nuevas, sobre temas de la literatura puertorriqueña, obligando a los estudiantes a constantemente repensar viejas fórmulas y planteamientos, sino que generaba en el alumno la conciencia de los problemas de expresión en el idioma castellano, en el idioma nuestro.

Y digo esto para dirigirme hacia un hecho importante: la continuidad vital entre el habla del hombre y su escritura. De ello nos hemos dado cuenta los compañeros de Manrique Cabrera en nuestras conversaciones casi cuotidianas. Si las palabras que se escapan del cerco de los dientes contaran en la misma forma y sentido que las asentadas en el papel, veríamos en seguida la inmensidad de la creación de Cabrera. Pertenecen ambos órdenes de palabras y frases al mismo sistema de expresión. Tal sistema debería ser estudiado, pues Francisco Manrique Cabrera es uno de los parlantes más creadores de la lengua. Tal vez descubriríamos que la estructura de ese sistema, que le viene de los hontanares más hondos, coincide exactamente con el perfil característico de su personalidad.

No hay separación, pues, no hay ruptura, entre Francisco Manrique el hombre y Francisco Manrique el poeta. Éste no se viste con un manto sagrado para ritualizar su oficio. No se postula en algo ajeno a sí mismo, en otro yo, y asume la máscara del actor. No es, para utilizar una palabra de moda, el *performer*. Pero aunque no hay separación entre el hombre y el autor, sí existe cierta distancia entre lengua hablada y lengua escrita, o entre acto verbal y, específicamente, escritura poética.

La distancia es impuesta por la red de factores concretos en que se halla imbricado el acto de escribir, por ejemplo, la signación gráfica, la presencia de la página, la fijación del signo donde germina un ansia de eternidad, el interlocutor remoto (lector), etc. Además, en esta escritura media la voluntad estética, la conciencia o intuición de la forma, etc. Intensificación, condensación, estructura integral, son tres procesos generados por la distancia, pero no los únicos.

La proyección del hombre total

El acto lingüístico es una función en el proceso del sistema total de la personalidad. Irrumpe allí donde las esferas del individuo y de la sociedad intersectan sus líneas. Desde el punto de vista del hablante objetiva su existencia psíquico-moral. Desde el punto de vista de la sociedad es la concreción específica de un orden general de símbolos y valores, cuya tarea fundamental es la comunicación. Pero aquí no nos interesan esas vertientes sino en la medida en que su estudio contribuye a iluminar la empresa de arte. Además, debemos tener muy presente el contexto dentro del cual se da esa empresa, la realidad completa del hombre que la autoriza. Este principio subyace al hacer poético de Francisco Manrique Cabrera.

En esa obra se puede distinguir cuatro etapas, puesto que se trata de algo vivo, dinámico, de una evolución. A grandes trazos. La primera va desde «Romance Meñique» a «Vuelta», poemas que formaban parte de los cuadernos *Rumbo en Flor* y *Canciones rítmicas,* escritos entre 1930 y 1933. Se caracteriza por técnicas ultraístas o de Vanguardia, en una atmósfera de experimentación y búsqueda de lo nuevo. La segunda corresponde a *Poemas de mi tierra tierra,* libro publicado en 1936 (San Juan de Puerto Rico, Romero y Del Valle). Varias de sus composiciones salieron ese mismo año en la revista *Brújula.* Algunas fueron publicadas en 1934 en *El Mundo.* También fueron conocidas por los recitales que daba Leopoldo Santiago Lavandero, a los que asistía numeroso público. En *Poemas de mi tierra tierra* nos topamos con un lenguaje ya maduro y plenamente integrado. Los recursos técnicos de la etapa anterior, ya dominados, se funden en el caudal de unas aguas que fluyen con firme energía. La tercera fase abarca las composiciones de *Remo y Reto*, escritas entre 1937 y 1938, y *Huellas*, del período de 1940 a 1943, incluidas en el cuaderno *Huella-Sombra y Cantar*, publicado en 1943 (San Juan de Puerto Rico, Imprenta Venezuela).[1] Dentro de esta situación, habría que intercalar un paréntesis para los poemas *Alba y Nana*, escritos entre 1938 y 1940, e incluidos en *Huella-Sombra y Cantar*. Estas composiciones de poesía infantil tienen más continuidad con algunas de *Poemas de mi tierra tierra*, como «Balada de la Flor Niña Muerta» y «Mi Bandera». *Grosso modo*, en esta tercera fase, se puede afirmar que brillan dos o tres de los mejores ejemplos de poesía proletaria que tiene Puerto Rico y un acusado experimentalismo lingüístico. Finalmente, hay una brazada de poemas que no constituyen tal vez fase definitiva pero que ya son representativos de un segundo momento de madurez. Me refiero a composiciones como «Árbol de Fuego al Tiempo» y «Réquiem de Bienvenida a Pedro Salinas».[2]

1. Sobre este libro, ver el artículo que publicó Elena Ayala en *La Torre*, periódico de la Universidad de Puerto Rico, vol. V, número 140, 23 de febrero de 1944, pág. 4. El lector interesado puede consultar la BIBLIOGRAFÍA que está al final de este libro para obtener más datos sobre poemas, libros, artículos y estudios.

2. Debo agradecer a Francisco Manrique Cabrera las copias que me facilitó de esos poemas, así como de «Breve Canción - Pedrada» y «Algo».

POESÍA

Reto y Rumbo

En la primera sección de *Huella-Sombra y Cantar,* que lleva el título de un libro que no se publicó, *Rumbo en Flor,* tenemos muestras de poemas ya logrados en el período de 1930-1933. El título «Rumbo en Flor» es ya característico, sobre todo la palabra «rumbo», que indica un movimiento con dirección, un vector vital. El subtítulo es «Romances y Canciones». Cobija tres romances y diez «Canciones rítmicas».

Ese primer período de formación literaria de Francisco Manrique Cabrera se desarrolló dentro de lo que aquí llamamos atmósfera de Vanguardia o Época de los Ismos.[3] Se caracteriza por la búsqueda de nuevas formas de expresión en todos los aspectos del poema, desde el lingüístico hasta la experimentación métrica y estrófica, así como por la importancia que se concede al papel de

3. Ver Hernández Aquino, Luis, *Nuestra aventura literaria,* Santo Domingo de Guzmán, Editorial Arte y Cine, 1964; Géigel Polanco, Vicente, «Los *Ismos* en la década de los veinte», en Del Rosario, Rubén, y otros, *Literatura puertorriqueña: 21 conferencias,* San Juan de Puerto Rico, Instituto de Cultura Puertorriqueña, 1960, págs. 265-289.

la imagen. El poeta persigue conexiones inéditas entre las cosas. En España, el movimiento correspondiente más importante es el Ultraísmo. Hacia fines de la década del veinte se hace sentir en Puerto Rico la influencia de Federico García Lorca, de Rafael Alberti, Manuel Altolaguirre y otros poetas neopopularistas españoles. También la celebración del Tricentenario de la muerte de Góngora, en 1927, en la cual participaron varios de los jóvenes poetas españoles y los estudios de Dámaso Alonso y Alfonso Reyes llamaron la atención sobre los procedimientos del gran poeta del barroco.[4]

No me cabe duda de que la alerta sensibilidad de aquel joven poeta de Bayamón registró los múltiples acontecimientos que se sucedían en la escena literaria de la Península y en la puertorriqueña. Se dejó fecundar por el espíritu de los nuevos tiempos. Pero no se dejó confundir. Atendió también a las direcciones de su propio espíritu, a su propio rumbo. Y era un rumbo en flor. Floreció en romances y canciones. El romance, esa forma única creada por el pueblo español en los siglos quince y dieciséis, había adquirido refinada dimensión culta en Lope de Vega y Góngora. Los románticos la rescataron y volvió a renacer en nuestro siglo por la obra de Antonio Machado, Juan Ramón Jiménez y Federico García Lorca. Esa unión de lo tradicional y lo culto, que es una de las características de la poesía de Francisco Manrique Cabrera, la encontramos ya tempranamente en su «Romance Meñique», «Romance de la Nota Perdida» y su romance gallero «Viento Tirador», así como en sus «Canciones rítmicas».

El «Romance Meñique» debe haber sido un producto

4. He hecho una exposición más amplia de este período en mi libro *La poesía contemporánea de Puerto Rico,* San Juan de Puerto Rico, Instituto de Cultura Puertorriqueña, 1972, págs. 73-81.

de la conexión de Manrique Cabrera con el Grupo Meñique, de la Universidad de Puerto Rico, allá hacia 1930.[5] En ese título ya se nota otro rasgo del lenguaje poético de Cabrera, la tendencia a sintetizar dos o más palabras para engendrar una nueva realidad semántica. «Meñique» tiene las siguientes funciones: 1) denominativa, como nombre común del dedo más pequeño de la mano, y, 2) como adjetivo de tamaño. Deseo, además, señalar la semejanza fonética entre «Meñique» y «Manrique». La pareja de sustantivos, al fundirse, sugiere la función de un nombre propio.

Se trata de un romance octosilábico con rima asonantada en -e-a, en las primeras dos estrofas, rima que cambia a -a-a, en la tercera, y vuelve a -e-a, en la cuarta y última. El cambio de rima aparece también en el romance tradicional pero no suele hacerlo a tan cortas distancias. Pudiera ser que hubiese un eco de García Lorca en «A traición daba la luna / golpes de plata a la selva» y en «y a unos ojos que galopan / sobre la llanura inmensa». El poema es un buen ejemplo de poesía vanguardista. Su lenguaje es muy movido, con una sucesión de imágenes y alternativas. Hay elementos ya muy de Manrique Cabrera, como el silencio, la montaña, la cita o imitación de un cantar popular, y el pensamiento.[6]

5. Sobre el «meñiquismo», ver Manrique Cabrera, Francisco, *Historia de la literatura puertorriqueña*, pág. 280; Hernández Aquino, Luis, *op. cit.*, pág. 113; González, José Emilio, *op. cit.*, pág. 152.

6. María Teresa Babín, en un artículo, «Ocho Poetas de Puerto Rico», publicado en la revista *Artes y Letras*, segunda época, San Juan de Puerto Rico, núm. 20, agosto de 1958, pág. 4, dice que «para el 1931 [Manrique Cabrera] sorprende a sus condiscípulos con un bello *Romance Meñique* en el cual revela su temprana admiración y vinculación al Lorca de *Romancero Gitano*». Y más adelante: «El profesor de mi generación, Antonio S. Pedreira, lee el romance de Cabrera en clase, recogido más tarde en el anuario de fin de año.»

El «Romance de la Nota Perdida», cuyo título ya nos indica la afición del autor por el lenguaje de la música, me sugiere una de esas composiciones musicales de Bracque y de Picasso. Es pieza de gran audacia imaginativa. Está más dentro de la atmósfera de Vanguardia o de Ultra que el «Romance Meñique».

Lo que distingue a «Viento Tirador» de los dos romances anteriores es la utilización del lenguaje de la jugada de gallos.[7] Recordemos el origen campesino de Francisco Manrique Cabrera, nacido en el barrio Dajaos. Domina por completo el argot de la gallera. Los dos gallos combatientes se transforman en símbolos del viento y del mar, estableciendo esa relación entre lo individual y lo cósmico que caracteriza a ciertas obras de Manrique Cabrera. El tema reaparecerá en la séptima de las «Canciones rítmicas», pequeña elegía a un canagüey muerto en la riña.

En las primeras seis «Canciones rítmicas» —título musical— interviene el tema del negro, no sé si por influencia de Luis Palés Matos. La poesía llamada «negroide» estaba muy de moda. Utiliza mucho la rima terminada en agudo, pero con vocales graves, o y ú. Aunque en la segunda de las «Canciones» el negro es visto como espectáculo y hasta es caricaturizado, prevalece una identificación profunda con el hombre de la piel oscura, con su condición de oprimido. Pero en el amor, en el regreso al campo y a la autenticidad, el negro descubre notas de esperanza («Canciones "IV", "V" y "VI"»). Hay una

7. Este poema fue publicado en *El Mundo*, San Juan de Puerto Rico, al final de una entrevista que Ángela Negrón Muñoz hiciera al poeta, «Hablando con Francisco Manrique Cabrera», el 13 de septiembre de 1934, pág. 5. La entrevista fue hecha poco después de regresar Cabrera de España, donde había obtenido el título de doctor en filosofía y letras de la Universidad Central de Madrid.

repercusión de este tema en «Caña», de *Poemas de mi tierra tierra.*

En este cuaderno podrían ya figurar las últimas tres «Canciones rítmicas». La octava, «Coquí», está musicalmente modulada con rima aguda en enfático í. Además, gran variación métrica, como en las «Canciones» previas. «Ritmo antillano», la novena canción, es una fiesta fónica, principalmente a base de onomatopeyas, donde lo negro y lo jíbaro se conciertan. La onomatopeya se había insinuado ya en «Romance de la Nota Perdida», pero tomó vuelo en las «Canciones rítmicas» de tema negro. «Ritmo antillano» la lleva a una culminación. Es posible que en ello haya habido influencia del *diepalismo.* La famosa onomatopeya de «Güiro», en *Poemas de mi tierra tierra* —«chequequeteque chéquerequeteque»—, ya está en «Ritmo antillano».

La última de las «Canciones rítmicas» es «Vuelta».[8] El autor revela poseer plena conciencia de su misión:

«Vengo otra vez
con nuestras viejas voces
a refrescar nuestras palabras secas.»

El poeta debe devolver a las palabras su sentido virginal, originario. Este credo le guiará en *Poemas de mi tierra tierra.* Al igual que en «Güiro» se pronuncia contra el exotismo enajenante:

«Asesinad con voces canagüeyas
toda estridencia
ajena a la montaña y a la tierra.»

8. «Vuelta» salió publicada en 1934, en *El Mundo,* al final de la entrevista, ya citada, que le hiciera al poeta la periodista Ángela Negrón Muñoz.

Expresiones como «mi voz jíbara terca», «mis ritmos cabreros» y «cabreras canciones» anuncian frases similares en *Poemas de mi tierra tierra.*

Al iniciarse Francisco Manrique Cabrera en el quehacer poético encontró una situación de transformaciones constantes, de experimentación y búsqueda atrevida de lo nuevo, que para él constituyó un reto a su creatividad. En sus romances y canciones podemos descubrir un rumbo evolutivo que va desde el ambiente de juego ingenioso ultraísta, con gran libertad imaginativa, pasando por el tema negro, donde topa con una problemática humana profundamente seria, que creo le sirvió de puente para acercarse más hondamente a lo criollo, en busca de autenticidades. En esos poemas de *Rumbo en Flor* ya se disciernen elementos que cristalizarán en *Poemas de mi tierra tierra,* rindiendo muy buena cuenta. Me refiero a la gran variación métrica, con rima o sin ella, a la forma apostrófica, al empleo de la onomatopeya y de la imagen vanguardista, a la invención de nuevas palabras, al ensayo y tanteo siempre con espíritu de búsqueda y hallazgo. Las últimas «Canciones rítmicas» nos sugieren que el rumbo ha sido ya encontrado. Esa jornada se completa en *Poemas de mi tierra tierra.*

A Pleamar de Isla

En el año de 1933 se hallaba Francisco Manrique Cabrera estudiando hacia el doctorado en la Universidad Central de Madrid. En su tiempo libre visitaba diversos rincones de la Villa y los pueblos de las cercanías. La nostalgia de Puerto Rico y las emociones suscitadas por tales visitas le engendraron el ansia de plasmar una visión permanente de nuestra tierra, recogiendo de ella aquello que le parecía perdurable: nuestros paisajes y nuestra creación de pueblo, los valores que habían resistido la prueba del tránsito temporal.[9] Los versos de *Poemas de mi tierra tierra* fueron escritos en dos semanas más o menos de fines de 1933 y comienzos de 1934. *Poemas de mi tierra tierra* es un cantar del destierro.[10]

El título ya denota esa inquietud con la innovación lingüística que he señalado antes. La repetición del sustantivo «tierra» surte un efecto de ahincada afirmación, de insistente machacar sobre lo mismo, que es considerado fundamental. Cualquiera de los dos nombres puede funcionar como adjetivo, caracterizando ese ahondamiento en lo permanente, en lo sólido y básico, que responde a la intención del poeta. En otro verso, Manrique Cabrera emplea la frase «tierra piedra». El posesivo «mi» impide la generalización. Nos hace ver inmediatamente que se trata de Puerto Rico, de nuestro propio ser.

El autor ha querido fundar la patria en la poesía. Proyectarnos una visión de la patria con imágenes en lengua poética. La visión, develada a través de los versos, garantiza la unidad del libro. Unidad abierta, no cerrada. Y como es la visión lo que sostiene al proceso creador, puede afirmarse que en cada uno de los poemas ya está implícita la totalidad del libro, del cantar. Esa visión se nos entrega entera desde los versos iniciales:

«Donde mi verso pone el puño
nacen montañas
con sus ríos y pájaros;

9. Gracias doy al doctor Francisco Manrique Cabrera por estos datos.
10. Obsérvese cierto paralelismo de circunstancias con *Insularismo* (1934), de Antonio S. Pedreira, y con *Prontuario histórico de Puerto Rico* (1935), de Tomás Blanco.

cantan quebradas,
con sus piedras y charcos;
cielo y sol se aproximan
vegetalizando
hasta el sueño profundo
de los arados.»

(«Mi verso»)

El primer verso, de acento viril, declara la voluntad de creación. Pero no es un creacionismo generalizado, a lo Vicente Huidobro, que parte de una teoría de la poesía. Es un voluntarismo de creación ligado a una tarea específica: la de fundar nuestra Patria.

En este primer poema, el autor da una visión esencial. No sólo brotan las cosas por obra del FIAT de un verso, expresado no por medio de una palabra sino por un acto —es decir, la visión originaria de la Naturaleza. Y brota también el movimiento («cielo y sol se aproximan / vegetalizando») y la vida inconsciente e imaginativa («hasta el sueño profundo / de los arados»). Aunque la frase «sueño profundo» es convencional, acierta en la medida en que nos descubre las potencialidades de pensamiento y ensueño que ella guarda.

Al gesto de creación sucede un movimiento direccional:

«Cuando mi verso avanza
—voz a caballo—
el paisaje se duele
de ser tan claro.»

En esa visión las cosas están sensitivizadas por una luz que las traspasa, convirtiendo su opacidad pasiva en acto significativo.

La óptica del poeta se va aproximando cada vez más —de lo general a lo característico— a la tierra y penetra en el mundo social humano de Puerto Rico:

«Si mi verso en el baile
mata el quinqué
—*¡ay lo lé!*—
mueren todos los gritos,
no hay para quien.»

Esquematiza analógicamente una escena dramática con el jíbaro que acaba con el baile. Rompe la costumbre por medio de un acto definitivo y libera a cada uno de los participantes para que asuma la responsabilidad de su propio destino.

La identificación poesía-tierra se hace más fuerte en los versos finales:

«Cuando mi verso salte
ventana afuera
pensará la montaña:
se ha hundido por el aire mi tierra tierra.»

En estas dos últimas estrofas, el desarrollo es sorprendente, pero nos damos cuenta de que el poema dibuja una gradación, desde el nacimiento —aparición inmediata de las cosas— hasta la conquista de la conciencia («pensará la montaña»). La montaña es una categoría poética importante en la obra de Manrique Cabrera. Cosa natural, si se piensa que el nuestro es un país montañoso. La montaña, con su verticalidad, ofrece un perfil de integridad moral. Es símbolo de fundación. Además, sugiere la cabeza, sede del pensamiento. Su solidez fundamentante no contradice su papel como imagen de la libertad. Justamente es el escenario natural de los héroes —bastión o refugio. Es también índice de superaciones.[11]

Mientras que en la primera estrofa prevalece una actitud contemplativa, desde la segunda hasta la terminación el tono se va haciendo más dramático. Y es interesante también que lo popular vaya asumiendo un papel cada vez más activo. La última estrofa tiene aire de canción. En ella se insinúa una catástrofe cósmica. Si esta interpretación es correcta, columbramos una conciencia del poder de la creación, que es capaz de fundar un mundo, organizarlo y destruirlo.

El poema que sigue se titula «Canción»[12] y su motivo temático es la propia experiencia del poeta con su circunstancia puertorriqueña. En primer lugar, su identificación con la naturaleza tropical:

> «Otra vez, con la canción adulta,
> nube, pájaro o trino,
> he llegado a mis lomas y palmas
> todo río.»

El «otra vez» puede referirse a las previas «Canciones rítmicas». El adjetivo «adulta» me sugiere que el autor se da cuenta de que se halla en plena posesión de la poesía. La identificación total con el río se prolonga en posibilidades de tránsito, de reflejo y de ilimitado fluir.

Le sigue uno de los más hermosos pasajes de la poesía de Manrique Cabrera:

11. Sobre esta categoría poética ver el magnífico artículo de Francisco Matos Paoli, «El Paisaje de la Poesía Puertorriqueña — Francisco Manrique Cabrera — El Son de la Loma», en *Alma Latina,* San Juan de Puerto Rico, año XV, núm. 484, 10 de marzo de 1945, págs. 6, 31.

12. Salió publicado al final de la entrevista ya mencionada, por Ángela Negrón Muñoz, en *El Mundo,* 1934.

«Balbuceo una lluvia de crepúsculos
porque soy horizontes.»

Ese «balbuceo», que inevitablemente me recuerda al «no sé qué que quedan balbuciendo» de las criaturas en San Juan de la Cruz, es un tantear de la voz en los umbrales de la creación. Hay algo de lucha y desfallecimiento en ese balbucear que no se dirige a su objeto lógico, la palabra, sino que se adentra en un fenómeno natural cuya figura misma es de imprecisión y caída. La lluvia es como un balbuceo del cielo, es palabra incuajada, poesía que quiere hacerse. El balbuceo es lluvia de significados por cristalizar. No se logra plenamente, y de ahí la sensación de descenso y muerte («de crepúsculos»). La bellísima metáfora, en oración atributiva, se completa con la visión de lo ilimitado, aspiración infinita, fe en las potencialidades del hombre poético: «porque soy horizontes».

El tema de las huellas, tan importantes en la obra de Francisco Manrique Cabrera, aparece a continuación:

«Nada conozco
sino las huellas
que sobre mí olvidaron los caminos.»

El «nada conozco» es afín a «balbuceo» y señala a un estado de inocencia originario, página en blanco donde las huellas dejan signos de un mundo humano posible —y, por lo tanto, comienzo de conciencia. Realidad que se plenifica en «caminos»: construcciones del hombre. Las huellas son claves para un aprendizaje:

«Mi planta sabe lomas:
esas muchachas jíbaras

cogidas de las faldas
jugando *Ambos a dos...*»

Metáfora originalísima, de auténtico sabor neocriollista, montada sobre la integración armoniosa de Naturaleza y sociedad, de paisaje y hombre. El «sabe» se contrapone al «nada conozco» y marca una superación del «balbuceo», puesto que ya algo definido aparece. Pero es un saber campesino. Lo que se refuerza en

«Mis manos callosas de coquí
no saben otra ruta
que la que el *Seis Chorreao*
le trazó sobre el güiro.»

Lo musical había comparecido antes en las mozas campesinas que danzan el «Ambos a dos» y el «ay le lo lé» de «Mi verso». A los coquíes les había llamado en «Canciones rítmicas, VIII»: «Claves de madera honda / nocturna y tropical.» Va a dedicar todo un poema importantísimo al güiro. (Ver más adelante.)

La ruta no es otra sino la del saber campesino:

«Por ella marcho con mi acento arcaico,
puertorriqueño, amargo, polijíbaro,
para aprenderle el canto
a una gotita de agua...»

Es «la gotita doncella de los silenciosos jíbaros», la que será su maestra rural.

«Ella me enseñará a cantar
porque ignora que al besarla de sol

la pretendo lucero,
y no sabe el chas chas ni el glu glu del arroyo.»

Maestrita del campo y novia jíbara, a la vez, que lo iniciará por los caminos de la educación autóctona.

Al final, anuncia:

«Yo, yo cantaré.
¿Yo? Yo que eres tú, la montaña,
el río, la tierra, la palma...»

Y termina, repitiendo, en plan de identificaciones, la hermosísima imagen de las muchachas jíbaras, «tan alegres y tristes», jugando *Ambos a dos.*

En «Canción» la naturaleza y la cultura campesina son fuentes de formación poética. En «Tú», el poema que le sigue, se menciona otra fuente, lo indefinido lejano, tal vez el universo. El poeta usa el apóstrofe, uno de sus modos preferidos:

«Tú, remota onda viajera,
me llegas sin espumas por el viento,
pero llegas
repleta de "quién sabes"
y me aprietas recuerdos.»

El movimiento de llegar es también uno de los favoritos de Manrique Cabrera. Ya lo hemos visto en «he llegado a mis lomas y palmas» y en «caminos» de «Canción». La referencia a «espumas», aunque negativa, como tantas veces en Góngora, nos trae la imagen del mar, en su arquitectura aérea, y, por lo tanto, de grandes distancias, de vasta separación. No obstante, llega esa «remota onda viajera» pero los dos versos finales cambian el escenario hacia la vida interior, es algo del pasado que remonta por la cuesta de la memoria. Esa arribada le produce angustia. Lo indefinido que se acentúa en «quién sabes» consigue perfilarse un poco:

> «Eres sólo morada de tu sombra,
> eco jugoso y seco a mi poema
> como el canto del güiro.»

Pero retiene su carácter espectral y el poeta discierne en esa onda algo que ya le pertenece a la tierra. Esto sugiere que esa primera estrofa fue movida por la nostalgia. Hay un juego de repercusiones: «eres-eco-seco» combinado con la paradoja «jugoso y seco», precisamente «como el canto del güiro», verso aliterativo, donde las kaes responden al elemento «seco» y la variación vocálica al «jugoso». Adelantemos que el güiro es símbolo y expresión de lo autóctono en *Poemas de mi tierra tierra.* Paradigmáticamente, «sombra» preside el orden de «seco» y «morada» al de «jugoso».

Le siguen dos versos hermosísimos, en estrofa:

> «Quien te vio no te recuerda
> por temor de herir tu sombra.»

La primera línea es del lenguaje cuotidiano pero está muy eficazmente utilizada, porque viene precedida de toda la carga emocional de lo anterior, y, además, porque anuda con «y me aprietas recuerdos». ¿Cómo es posible haber visto algo y no recordarlo? La explicación de lo que semeja una paradoja se da en el segundo verso donde se apunta a algo de índole sagrada, tabú, y, por lo tanto, a una visión fundamental: epifanía.

Es como un paréntesis musical, un acorde modulado,

antes de lanzarse al largo desarrollo de la próxima estrofa, que comienza:

> «Llegas después de muchos siglos de no haberte
> marchado
> y me llagas el verso,
> verso de acento arcaico,
> polijíbaro, amargo.»

La extensión misma del primer verso comunica una idea de la vastedad de la distancia, en el espacio y en el tiempo, recorrido por la onda. Ese verso es un camino y un río. Esta vez no es «Donde mi verso pone el puño / nacen montañas...», sino un mensaje que viene de afuera, aunque este afuera pueda ser los arrabales más externos del espíritu. Como Apolo, el que hiere de lejos, llega la onda y «llaga» —en juego paronomásico— la carne de la poesía en el poeta. Obsérvese la variación temática con lo dicho en «Canción»: «mi acento arcaico, / puertorriqueño / amargo, polijíbaro».

Los próximos versos de esta estrofa nos dan notas caracterizadoras de la onda:

> «Llegas florecida de rutas epilépticas,
> y has aprendido cuestas
> que dan sólo al coquí,
> o al pitirre que olvida
> deletrear la senda de su monotonía
> cuando lo invita el sol.»

Nos damos cuenta de que el poeta alude a su propia experiencia, en virtud de que en «Canción» nos había hablado de que marcha por la ruta del güiro

«para aprenderle el canto
a una gotita de agua,
que nacida en la entraña de mis lomas,
se pensaba en la tierra...»

Reiteración del motivo de la educación poética en el saber campesino. El adjetivo «epilépticas» es clave de angustia y de desesperación. El pasaje se cunde de personajes de nuestra ruralía: el coquí —tan amado por el poeta—; el pitirre —símbolo de lucha aguerrida—; la senda —por donde se descuelgan todos las caminos—; y el sol —imagen de orientaciones, trascendencia y divinidad.

Lo que resta de la estrofa enumera los efectos del llegar de la onda:

«Vienes hecha a veredas,
y pones mis machetes a cantar
el desyerbo de los tallos de tu sombra,
y pones mis azadas a cavar
la vecindad de un fruto: ¡tú madura!;
y pones mis recuerdos a bailar
la canción de mi güiro,
y ya soy mucho menos que yo
pero soy el que canta, canta, canta.
¿No oyes mis pies fangosos con sabor a montaña?
Ellos son los que dicen lo siempre intraductible
para ti.»

Se desencadena la creatividad del poeta en canto y danza, pero todo dentro del círculo de lo telúrico. Es una exaltación, un encontrarse, una alegría de ser en el centro mismo de la poesía. El universo queda plenamente integrado en el canto, que refleja su enigma.

La cuarta estrofa repite al comienzo, con variante, los

primeros versos de la tercera, pero devela otra vertiente de los efectos de la llegada de la onda.

«Y entonces yo me apresto a llover palmas,
y a fabricar quebradas, de esas
abuelas de los ríos,
y a ensanchar horizontes,
pues mis lomas me sirven a dietas muy breves
las anchuras del cielo.
Todo, porque lo puedo.»

Mientras que en la estrofa anterior quedaban tareas negativas —desyerbar los tallos de la sombra, cavar en la vecindad del fruto—, ahora el autor esboza tareas positivas. Es la fundación de la Patria: llover palmas, fabricar quebradas, ensanchar horizontes. En un derrumbamiento de paredes, los estrechos paisajes de la colonia serán abiertos a la vastedad de los mensajes universales. Y es la poesía la que justamente concede la potencia para esa misión libertadora.

«Para ti a las palmas soy raíces y suelo,
montaña a las quebradas
y arquitecto a las lomas.»

El final de la estrofa es de carácter insistente, con algún que otro desarrollo adicional. Pero hay ya en ella —a partir de «¿Oyes?»— una sensación de que la onda se va alejando.

El tránsito se hace más misterioso al final. Ha sido como la visita de una ráfaga o el celaje de un espectro en el espejo. El poema termina magistralmente con las siguientes líneas:

«¿Tú?
Tú eres ella, aquélla.
¿Te sabes?
Quien te vio no te recuerda
por temor de herir tu sombra.»

«Génesis de mi poema» no posee la estructura sinfónica de «Canción» y de «Tú». Principia un poco seco:

«Un sindicato de cucubanos fuertes
fue nuestro sol.
Una federación de cucubanos débiles
fue nuestra luna.
Los bebés cucubanos temblando
fueron nuestras estrellas.»

Con aire de poema infantil. Las imágenes, de factura ultraísta, revelan un alzamiento de la conciencia social que todavía rinde homenaje a nuestra naturaleza.

El enlace se prolonga en la segunda estrofa pero lo lírico termina por imponerse:

«Todas las aguas prófugas
de los barrancos
se entregaron, culpables de claridad,
al río,
tierra cantando.
Verdes picos rebeldes
se hicieron lomas.
La palma patilarga
pararrayó en su antena
el *Seis* del ruiseñor
y el son de la paloma.»

Para dar una medida del cambio, recordemos que en «Canción» las lomas eran muchachas jíbaras jugando *Ambos a dos.*

La terminación me sugiere que este poema podría pertenecer a la etapa de «Canciones rítmicas»:

«Luna, estrellas y sol,
ríos y palmas,
han mamado mi verso
en los senos augustos
de la montaña.»

La imagen de la maternidad majestuosa de la montaña, como símbolo de la tierra, disuena del tipo de imágenes empleado en las primeras dos estrofas.

«Batey» es uno de los poemas más importantes del libro. La remota onda viajera de «Tú» se ha concretizado en la palabra «batey», que asume el papel de FIAT, en vez del gesto de «Mi verso»:

«Cuando la voz batey se encarama en mis labios
una lluvia de claridades amanece mi espíritu.»

Obsérvese el paralelismo estructural con el comienzo de «Mi verso». «Batey» es nombre de origen indígena y apunta a la afirmación de lo autóctono que es una de las claves de *Poema de mi tierra tierra.* El batey es un espacio limpio frente al bohío o morada del jíbaro, adonde llega el viajero o visitante. Está ligado a lo más entrañable de nuestras tradiciones campesinas. Encaramarse, por trepar, es verbo de uso muy popular en Puerto Rico. Presta a la voz una dotación de vida, como la de un niño que escala un árbol. La categoría de «llegada» se expresa aquí por un movimiento hacia arriba, que viene de lo hondo indefinido, como la onda viajera de «Tú». El segundo verso tiene continuidad con «Balbuceo una lluvia de crepúsculos» («Canción») y «me apresto a llover palmas» («Tú»), con movimiento descendente. El poeta ha evitado la forma usual «amanece *en* mi espíritu», eliminando la preposición de lugar, y el efecto es transformador. Es el espíritu mismo el que amanece. Estamos ante una escena de nacimiento, como en «Mi verso».

Como en «Tú», nos habla de los efectos de este llegar:

«Las lomas se me ofrecen transparentes
como gotas de nada.
Borro horizontes de ayeres y mañanas
para ser cielo y tierra puros,
de siglos, vecinos, sin jamás encontrarse.
Por esa voz llegan telefonemas del pasado,
los gritos del presente,
los sueños del mañana (en la montaña).»

Los objetos abandonan su pasividad inerte, opaca, para entregar una visión esencial («el paisaje se duele / de ser tan claro»). Se aniquila la conciencia del tiempo y es suplantada por el éxtasis de la contemplación. La metáfora ultraísta —«telefonemas del pasado»—, que sirve de punto de partida para otros desarrollos, marca el giro hacia los tiempos nuevos, de la poesía.

La segunda estrofa se apoya en la metáfora telefónica:

«Suena el Batey.
¿Quién habla?
Aquí Cabrera la voz jíbara terca,[13]

13. En «Canciones rítmicas, X», Manrique Cabrera ya había usado la expresión: «Mi voz jíbara terca, / que no acabará nunca / en las palabras que otros creyeron muertas.»

alma de la montaña.
¡Los Areitos! Venid.
Hablaremos en güiro,
lengua nuestra común desde hace siglos.
Venid, os digo, danzad sobre las cinco letras del
batey.

Cantaremos en güiro.
La piel de nuestro canto
tendrá callos de lentitud y melodías dulces,
y será roja caliente
como el amanecer en la flor del flamboyán.
¡Ah nuestra canción y danza en güiro,
lengua nuestra común,
instrumento perpetuo del alma de las lomas!»

El poeta nos presenta una escena de conversación pero ¡qué conversación sorprendente! ¡Los areitos, nuestros legendarios bailes y cantos indígenas, convertidos en Los Areitos, nombres de una familia! ¡Nadie se llama así en Puerto Rico! Pero es tal vez el nombre secreto y auténtico de la familia borinqueña. Su verdadero idioma es el güiro, su música y su danza. Es la integración del hijo del país en un mundo totalmente nuestro. Es el descubrimiento de la armonía de nuestro ser, fundamento de la nacionalidad. Al caracterizar esa armonía hay una intuición de los ritmos del campesino borincano: «callos de lentitud y melodías dulces». Recordemos las manos «callosas de coquí» en «Canción». Con esta maravillosa estrofa nos situamos —creo yo— en el corazón mismo del libro.

En la tercera estrofa «suena el batey», de nuevo. Nótese la semejanza de evolución estructural con «Tú». Esta vez:

«Aquí Cabrera el brío montaraz
de nuestra tierra tierra.
¡Mi niñez!
Ven a caballo de este mismo instante.
Llamaremos a todos los vecinos niños:
Cielo, Luna y Estrella,
Monte, Pájaro y Río,
para cantar andando
sobre las cinco letras del batey.
Nuestra canción:
Doña Ana no está aquí
que está en su vergel,
cuidando la rosa
y abriendo el clavel.»

Convocatoria a la infancia con sus personajes naturales. Y el elemento tradicional hispánico en el coro de niños, constante de nuestro ser. El pasado más puro desanda estos caminos para constituir un rumbo.

La estrofa final es muy larga, casi la mitad del poema, y se inicia en modo paralelo a las dos anteriores. Esta vez es

«...Cabrera el grito huracanado
de musculosa alma
que conoce los ríos y quebradas.»

Hay una gradación intensificativa desde «voz jíbara terca» a «brío montaraz» a ese «grito huracanado». Pero la llamada es distinta:

«¡Mi vejez!
Ven pero sin perder mi canción de juguetes,
aquellos que en tus zapatos olvidaron,

los Reyes de las cuestas,
los Reyes de los charcos,
y los del *Seis Chorreao.*
Entonces, en racimos, colgando de nuestro "había
una vez",
rodaremos mis cuentos como cuentas,
por todas las edades de nuestra tierra tierra
sobre las cinco letras del batey.»

El poeta anhela la continuidad de su tiempo vital en el futuro, con sus dos vertientes de candor infantil y de autoctonía.

En la segunda mitad de esa misma estrofa se dirige a la ciudad y sus habitantes, reprochándoles el haberse olvidado del batey.[14]

«Ciudad, olvidaste el batey,
te morirás sin él.
¿Te morirás?
No, tómalo, en mi cantar fangoso en flor
Te traigo todos los bateyes,
fresquecitos los llevo yo...
El batey de la voz de la luna,
el batey del cantar del barranco,
el batey del recio poema del sol,
y el del *Seis chorreao.*»

El adjetivo «fangoso» apunta a la conexión física con la tierra (como antes, más explícitamente: «¿No oyes mis pies fangosos con sabor a montaña?», de «Tú»). La cita del pregón da a este pasaje el encanto tradicional de lo

14. Este tema figura también en la poesía de Samuel Lugo y en la de Carmen Alicia Cadilla.

puertorriqueño. La seriación anafórica de los últimos cuatro versos delata la fruición que siente el poeta con la voz «batey».

Finalmente aparece otra convocatoria:

> «Venid ciudadanos a la plaza pública
> de mi tierra tierra
> y ayudarme a decir con amor tembloroso,
> con hondura del alma,
> con frenesí y locura: ¡BATEY!
> Veréis una lluvia de claridades
> que amanece en mi espíritu,
> conoceréis descalza la voz de la montaña,
> y sentiréis la tierra tierra.
> Todos: ¡BATEY! ¡BATEY!
> y amaneceréis...»

A través de la lengua, de nuestro idioma nacional, el güiro, es que podemos recobrar nuestra autenticidad e iniciar el camino de la salvación. Al igual que en «Canción» y «Tú», el poeta retoma el hilo del comienzo, pero esta vez en plan de profecías.

El poema se organiza alrededor de esa palabra clave: «batey». En la primera estrofa define los roles que el vocablo desempeña en la experiencia del autor. Las restantes sacan a la luz sus implicaciones para nuestra vida colectiva. La segunda conduce al descubrimiento de un sistema característico de expresión puertorriqueña. La tercera devela su nexo con nuestra vida tradicional de pueblo y con la infancia. La última, su relación con el futuro, lo cual a su vez plantea el problema de nuestra redención. El tono, hacia el final, es exhortativo, pero pleno de fe en nuestras posibilidades.

«Güiro» parece un desarrollo ulterior de «Batey».[15] Aquella composición puede ser dividida en dos partes. La primera se enfrenta al problema de nuestra enajenación y señala el modo de superarla. Se desenvuelve sin interrupción estrófica hasta vísperas del final.

«Güiro», como «batey», es palabra-símbolo. Ha ido adquiriendo relieve desde *Remo y Reto* («Ritmo antillano»). Ya vimos el papel central que desempeña en «Batey». Pero en esta ocasión esa voz no comparece como identificativa de un lenguaje borincano sino en función análoga a la de «batey». El poeta apostrofa a un público imaginario:

«Si os dijeren güiro
quitáos las sandalias del alma,
que pisáis tierra santa.»

Las alusiones bíblicas destacan el carácter sagrado de una presencia.

En los próximos versos, Manrique Cabrera no se refiere a la palabra sino al objeto, al instrumento musical. En «Tú» había llamado al canto del güiro «eco jugoso y seco». Y ahora:

«Canal seco y jugoso
por donde llega un chorro de sangre india
a mi poema.»

La metáfora se funda en una semejanza formal y caracteriza al instrumento con dos adjetivos antitéticos, que ya hemos discutido. El güiro es un fruto en forma de

15. El poema «Güiro» fue publicado también en la revista *Brújula*, del Círculo Cultural de Maestros de Español, San Juan de Puerto Rico, volumen II, núms. 7-8, diciembre de 1936, pág. 222.

calabacín alargado, muy conocido en las Antillas. Proviene de la planta tropical llamada *Lagenaria vulgaris*. Al fruto se le extrae la pulpa y se deja secar la corteza. Una vez seca se le practican unas rayas paralelas, en forma de estrechas canales. Para tocarlo, como instrumento musical, se utiliza un objeto en forma de peine estrecho y alargado, con alambres. Al rozar los alambres con la corteza rayada se produce un sonido raspante. También es posible percutir el «peine» contra la corteza. El poeta cree que es de origen indígena, como «batey».

La caracterización del güiro continúa:

«Asta antigua y solemne
del cantar de la sierra.»

La palabra «asta» puede haber sido sugerida por la posición vertical u oblicua con que el músico sostiene el instrumento mientras lo toca. Desde luego, se carga de todas las implicaciones simbólicas del vocablo en su acepción regular. El adjetivo «antigua», en aliteración con «asta», refuerza la conciencia del pasado, ya presente en «chorro de sangre india». «Solemne» pone de relieve un sentido de reverencia y de veneración.

Estas dos metáforas son caracterizaciones sucintas que sirven para introducir futuros desarrollos. Subrayan los valores del güiro como símbolo de lo autóctono ante un público enajenado:

«Tenéis arpas y liras
pero os dormís de melodías exóticas.»

Reproche de validez general que también se aplica a los poetas. Ya el autor había denunciado la enajenación de los habitantes de las ciudades en «Batey». En «Canciones rítmicas, X» («Vuelta») anunciaba que sus «ritmos cabreros» «salvarán las exóticas cuencas».

El poeta se interpone entonces y se presenta como el músico que toca el instrumento: heraldo de una epifanía:

«Sólo cuando yo llego con mi güiro
y abro las alas de su chequequeteque, chéquereque-teque,
abrís los ojos hambrientos de verdad,
y sentís un cosquilleo inmenso
subir por las paredes de vuestra alma.»

Ese movimiento de llegada lo hemos hallado antes en «Canción», «Tú» y «Batey». La frase aliterativa convencional «abro las alas» se carga de intención poética por su vínculo con la onomatopeya siguiente —inventada por el autor. La aliteración se prolonga en «abrís» y «hambrientos». Los puertorriqueños, adormecidos en melodías exóticas, padecen hambre de verdad, de *su* verdad. Al oír el güiro se reconocen como en un espejo, descubren su identidad. De ahí el «cosquilleo inmenso» que sienten: es el despertar del alma en la conciencia del ser.

«y vuestros pies arrancan temblorosos
como potritos jóvenes,
y escucháis un rumor de cosas frescas
besar vuestras entrañas
y sentís la comezón de cantar.»

Como potritos recién nacidos en el prado se levantan sobre sus patas tembleequeantes. Es un alzarse hacia la vida. Es el segundo nacimiento del borinqueño. Las imágenes son completamente armoniosas, construidas sobre experiencias campesinas.

En este punto comienza la segunda parte del poema. Manrique Cabrera celebra la recuperación de lo nuestro. El encuentro de autenticidades produce el júbilo:

> «¡Ah! Entonces mi güiro y yo
> reímos la mañana
> y os perdonamos.
> Reímos nuestra risa amarilla
> como el pan de la flor de la majagua;
> nuestra risa ancha
> como un proyecto de hojas de yagrumo;
> nuestra risa antigua
> como el perfume del Areito
> y el hogar de la yautía;
> nuestra risa clara
> como el chas chas de la quebrada;
> nuestra risa joven, descalza, jíbara,
> olorosa a montaña.»

La repetición anafórica de «reímos» y la estructura paralelística de los símiles tienen el valor de insistencia, en papel de motivo y variación. El pasaje combina imágenes por afinidad natural («pan de la flor de la majagua», «el chas chas de la quebrada») con otras de corte vanguardista con un término del mundo de la naturaleza y otro del mundo de la cultura («proyecto de hojas de yagrumo», «hogar de la yautía»), predominando las últimas. La risa está caracterizada con adjetivos que sugieren amplitud y apertura, aliterativamente en escala de aes: «amarilla», «ancha», «antigua». Los dos últimos versos de este pasaje son recapitulativos y nos hacen recordar las muchachas jíbaras jugando a *Ambos a dos*, de «Canción».

La anáfora «reímos» continúa hasta el final de la estrofa y se prolonga el procedimiento, pero con variantes:

«Reímos con nuestros ojos frescos,
hambrientos de remotos horizontes.
Reímos como trinos
nuestra risa melancólica y triste,
hospitalaria a tu alegría.
Reímos, reímos,
mi güícharo y yo,
auténticos jíbaros amigos.
Reímos nuestro chequequeteque, chéquerequeteque,
y tú te sientes reverberar
de montaña y cantar.»

La primera línea de este texto es un eco de «y escucháis un rumor de cosas frescas», pero además nos da la medida cabal de nuestras energías rescatadas. El güiro nos restaura la visión originaria de las cosas.[16] El segundo verso es un nuevo desarrollo de «hambrientos de verdad». Con estas palabras, el poeta refleja el movimiento expansivo que se registra en la conciencia del puertorriqueño cuando toca la tierra de su propio ser. Hay una repetición de la maravillosa onomatopeya que imita el sonar del güiro, una de las mejores, creo yo, en la historia de la poesía puertorriqueña, y no inferior a las utilizadas por Luis Palés Matos y Nicolás Guillén.

El poema termina con ademán de rechazo y de burla:

16. En «Vuelta», de «Canciones rítmicas», había dicho antes: «Vengo otra vez / con nuestras viejas voces / a refrescar nuestras palabras secas.»

«A mí arpitas y liras...
Yo tengo mi güiro.
Si os dijeren güiro
quitáos las sandalias del alma
que pisáis tierra santa.»

Menosprecio a lo ajeno que nos confunde, seguido de lúcida conciencia de la posesión de lo nuestro. Los tres versos finales son los mismos del principio, pero ahora, con la experiencia del poema tras de sí, nos revelan la plenitud de su sentido. De esta manera, la cuestión planteada en la segunda mitad de «Batey» queda resuelta.

«Por éste...» es una breve composición que parece abundar en el tema del güiro. Considerada aisladamente, tiene valores. Dentro del conjunto nada añade de importancia decisiva. «Mi bandera» es como una alegoría para niños que relata la historia de cómo «un charco jíbaro» concibió y fabricó el símbolo nacional. Es un mito de la imaginación vanguardista del poeta. Ejemplo:

«Una tarde indiana
llamó a un quincallero arcoiris,
le compró colores
a cambio de cristales pardos
y trozos bañistas de plata.»

«¡Ah! Pulmón...» está escrito en modo apostrófico. Reaparece el tema de la alienación del puertorriqueño. Es preciso que ese pulmón, que ha cantado tanto las cosas «que no ha dicho», muera, para resucitar en lo nuestro:

«Así podrás retoñar en río
que con su largo verso de cristal

vaya a dar a la mar
mi lluvia y mi cantar.»

Como en «Batey» y en «Güiro» es menester un segundo nacimiento para proyectarse en posibilidades: «que así podrás crearme un superávit de Puerto Ricos míos».

«Tierra amante» posee la suave cualidad lírica de «Tú». Es uno de los poemas más tiernos. Después de la estrofa introductoria, en tercera persona, donde el autor caracteriza su amor por la tierra, le habla directamente con palabras e imágenes armónicas:

«Por eso tierra mía,
me apresuro a abrazarte con mi verso,
y a levantar con él mis labios a tus ríos,
y a envolver tu montaña en mi ritmo,
y a fecundar tus secretos inéditos,
y a no decir jamás:
basta de este frenético cantar.
Nuestro idilio aquí bajo la palma,
aquella jibarita vergonzosa de ramas.»

Estampa de perfecta integración.

El tema bellamente expresado en el verso «mi sagrado dolor de melodía», de «Tierra amante», resurge en el poema «Ramo», breve como «Por éste...», donde el autor apostrofa a un »Ramo abierto y tendido / frente al espejo tembloroso del agua...». En el fondo se columbra una actitud moral de repudio a todo lo que degrada «hasta el cieno» y una voluntad de transmutar el dolor en valores positivos:

«En ti, sobre las lomas,
tengo coplas amargas

que darán, rumbo al sol,
en montañas.»

El motivo del dolor —ansias de creación frente a la tierra esclava— se empina más fuertemente en «Fardos de silencio»:[17]

«Cuánto pesan estos fardos de silencios jíbaros
que agobian mi cantar.»

Hasta cierto punto, el poeta mismo también lucha con el problema de la alienación. Su camino

«Vive más abajo del grito,
en la hondonada
donde jamás ni una malanga pudo hacer nido.»

Es la vereda de lo auténtico:

«Allí lo aprehenderéis pasar
sin besar ni una piedra,
sin despreciar las sombras,
sin maquillar las aguas que se exportan al mar...»

«Tarea» es otro poema de vitola vanguardista, donde la profundización en la conciencia propia desemboca en complicaciones que anuncian a ciertos poemas de *Huellas*:

«Se te cayó un cantar dijiste
y estabas ciego.
¿No ves que voy adoquinando

17. Este poema salió publicado también en *Brújula*, vol. II, números 7-8, diciembre de 1936, pág. 223.

las múltiples veredas del alma ciudadana
ya mori-muerta,
con trozos sempinéditos del son de la montaña?
¿Ignoras que tengo un monopolio
de rutas construyendas?»

El poeta se concibe como «ingeniero único» entregado a la tarea de erigir la estructura de la patria. Ese sentido de construcción figura también en «Mi bandera» y en «Tú». Le alienta la fe de que un día se podrá decir, con metáforas vanguardistas:

«Pasaré mi luna de miel en la voz de la estrella,
veranearé en el canto del río,
hablaré un lenguaje de verdes frondosos,
cursaré en mi cielo la carrera del alma del alba
y el alma del frío.»

La elaboración lírica de temas populares se continúa en «Voz carretera»:

«Allá viene la carreta
perseguida por las lomas.
¡Ay bendito, negra mía,
lo que dice la carreta!
Ris ris a las piedras blancas;
ris ras a las piedras negras;
hasta hundirse por el aire
con dolor de copla muerta.»

El poeta se identifica como carretero del agua y de las lomas. La onomatopeya, aunque no tan amplia y fuerte como la utilizada en «Güiro», resulta muy eficaz. Por su atmósfera de encanto y sugestiones, el poema es uno de los más coherentemente integrados del libro. Hay un control absoluto de las palabras y de su movimiento interno.

«Balada de la Flor Niña Muerta» es otra composición infantil, algo parecido a «Mi Bandera».[18] No encaja tan bien en el conjunto del cuaderno, pero tampoco desentona. Es un paréntesis mágico donde el sentimiento de lo legendario y la imaginación en libertad nos permiten gozar de un momento de pura poesía.

«Yo fui» se parece un poco a «Génesis de mi poema». Es la única ocasión, en este libro, que Manrique Cabrera encara, específicamente, un paisaje urbano:

> «Yo fui el que dijo: cantaré.
> Y a pie mi grito va
> sobre la calle vieja
> desempolvando melodías antiguas.»

Versos muy eufónicos. Al igual que en «Tarea», en la segunda estrofa de «Yo fui» nos sorprende una complicación sintáctica que también anuncia a *Huellas*.

> «En cada piedra —tierra fosilizada de mi tierra
> tierra—
> he de labrar poemas
> que a lomeros latidos
> mares con quillas mías asesinen.»

Con esa aliteración en eles, esa originalísima combinación de «lomeros latidos» y el desplazamiento del verbo

18. «Balada de la Flor Niña Muerta» fue publicado también por *Brújula*, II, núms. 7-8, dic. 1936, pág. 223. «Es una verdadera gema», dice de él María Teresa Babín en su artículo «La Poesía de Tierra Tierra», en *El Mundo*, 20 de diciembre de 1936, pág. 4. Alude, además, a un programa de radio para despedir al recitador Leopoldo Santiago Lavandero: «Esa noche Emilio S. Belaval dijo de *Poemas de mi Tierra Tierra* el juicio definitivo que aquilató el valor de esta obra y Santiago Lavandero llevó a los corazones la emoción de Tierra Tierra.»

al final del complemento indirecto. Desenlace insólito. La textura vanguardista del poema y su intrincamiento sintáctico puede palparse en el siguiente texto:

«Gracias a ti,
canción de recios pergaminos
cristalizan mis versos epilépticos,
auscultando las montañesas aguas de mi espíritu,
por cristales veleros
que en la tierra más tierra de mi tierra,
a sol le suman regadíos.»

«Tú, Tierra... ("Responso mío")» visualiza un paraíso borincano, después de la muerte. Nada hay de lúgubre en el poema. Por lo contrario. Una visión edénica se adelanta en el pasaje que podría ser considerado como central:

«Ya vendrán los pitirres mañaneros
y el ruiseñor de crepúsculos lluviosos,
rompiendo con sus secretos remos
las aguas que se hospedan en los aires,
para anidar sobre mi carne piedra
los cantos no estrenados en las ramas
de albas
pre-cabrerianas.»

Los impresionantes versos que figuran en los comienzos y al final insinúan el vencimiento de la muerte por la unión con lo esencial nuestro:

«¡Los dientes de tus barros cabreròfagos
altos darán a tus noches de gusanos!»

«Flor de barrancos» reincide en el tema del contacto vitalizador con la tierra:

> «Vuelvo otra vez con la canción en asta,[19]
> piedra, montaña o río,
> mis dedos listos a pulsar
> la raíz de todos los caminos.»

Con desarrollo elocuente, que se desliza hacia la fusión lírica de lo popular y lo culto:

> «Veo avangarse el aire
> de tanto trino de ruiseñor maduro,
> y allá abajo en el hondón de mi alma tierra
> siento un rebaño de coplas jíbaras
> pastar tropicalmente por el viento.
> *Viento llévate mis penas*
> *déjame sólo un pesar,*
> *que yo me quiero matar*
> *aunque la vieja no quiera.*»

La preocupación con el tiempo se sitúa junto a la intuición de lo legendario y adquiere un carácter sagrado, como en «Güiro»:

> «Yo, antiquísimo;
> antes del coito del Fiat con la Nada,
> de pie, aquí fijo,
> desnudando palabras pudorosas
> que suden emoción pura de mi tierra tierra,
> para cantar cantando mis cantares.»

19. Cf. antes: «Otra vez, con la canción adulta...» («Canción»), y «Asta antigua y solemne...» («Güiro»). «Flor de barrancos» salió publicado en *Brújula*, año II, tomo II, núms. 5-6, marzo de 1936, pág. 75.

Instante-víspera de «Donde mi verso pone el puño...»

«Voz anclada» [20] es como una secuela de «Flor de Barrancos»:

«Mi voz estaba anclada
junto a ese manso pastar de la arboleda,
cuando los cafetales,
encinta de calor,
anunciaban nevadas a los cielos,
y a mi canción.»

La ejecución bien modulada de palabras e imágenes se concilia con unas videncias muy originales:

«Blandura blanda
aquella de la luna nuestra,
jibarita vestida de china madura,
con unos gajiletes de luces harapientas
próximas a estallar en rocío.»

Tan exquisito cantar al fin desemboca en pura música y encanto:

«Quebrada:
lágrima a tierra de mi eterna montaña.
Copla:
lágrima al aire larga de los montes.
Mi voz, ¡aylolelolera!
por los siglos anclada
junto a ese amargo pastar de la arboleda.»

20. Salió publicada en la entrevista ya citada de Ángela Negrón Muñoz, *El Mundo*, 13 de septiembre de 1934, pág. 5.

En perfecta trabazón todos sus elementos, «Voz anclada» es uno de los logros de *Poemas de mi tierra tierra.*

Con «Los Piladores» llegamos a una de las máximas realizaciones en un cuaderno pletórico de conquistas. Al rico fonetismo eurítmicamente trenzado se liga íntimamente el primer intento de poesía gráfica de Francisco Manrique Cabrera.

«Los Piladores pilan
pan pon
pun pon
pon pon.
Y las recias manos
callosas de dolor y tierra,
atadas a tan finas cinturas de macetas,
llueven sobre la tosca
copona de madera,
bautizada pilón,
sus rítmicos
pon pons.»

Se observará cómo esa primera estrofa, en su despliegue tipográfico, sugiere la forma de nuestro tradicional pilón campesino. Recordamos los *calligrammes* de Guillaume Apollinaire y los experimentos de la actual poesía concreta.

Como «Güiro», «Los Piladores» es uno de los poemas donde Manrique Cabrera mejor usa la onomatopeya. De la que utiliza en la primera estrofa, deriva luego «pompónico» y «pomponeada». Vislumbramos esas «recias manos» del jíbaro «callosas de dolor y tierra», en contraste con las «finas cinturas de macetas» a las que se hallan atadas —idea germinal de explotación y esclavitud. Nueva contraposición: «finas cinturas...» y «tosca copona de madera...»

En la segunda estrofa, se nos presenta una escena patética de despedida:

> «Al conjuro pompónico los granos
> tienden sus finas manos
> —¡qué bellas son las manos
> que nunca habréis de ver!—
> en súbitos adioses
> a sus cortezas madres.
> Sangre de pajas corre;
> lágrimas secan nacen,
> bajo el brutal
> pan pon
> pun pon
> pon pon.»

La despedida se convierte en nacimiento, en trauma de liberación. El ritmo pompónico subraya la presencia de un ritual fundado en la violencia.

Sigue una corta estrofa de cuatro versos que introduce un paréntesis contemplativo:

> «Ved las cuestas del aire
> de brisa adoquinada
> llevando cabizbaja
> la pomponeada mezcla.»

Como una familia jíbara que se aleja por la montaña, diciendo adiós al lar nativo —empujada por el brutal pon pon de la colonia. La imagen «cuestas del aire» sigue la línea del elemento natural, pero la metáfora «de brisa adoquinada»[21] en su factura ultraísta, intercala una tensión entre lo sólido y lo fluido, en su síntesis expresiva. En «pomponeada» tenemos otro invento fonético, que desempeña una función de continuidad con la onomatopeya de la estrofa anterior.

La próxima tiene ocho versos.

> «Las pajas, soñando ser reinitas,
> —visiones de niñez—
> van cabalgando brisas
> de lomera esbeltez.
> Y otros adioses súbitos.
> Y otras lágrimas secas.
> Y otros sangrar de pajas.
> Y un coronar las yerbas.»

El segundo verso es explicativo del primero. El nombre sólo de «reinita», ese bello pajarillo de nuestros campos, sugiere la infancia. Este aniñamiento de la perspectiva introduce cualidades de fragilidad y de gracia. La segunda mitad de la estrofa es recapitulativa y reiterativa. Pero la variante «Y un coronar las yerbas» marca un clímax.

La segunda parte del poema comienza con una larga estrofa, que anuncia el desenlace.

> «¡Ah!, ya la brisa se cansa.
> Jadea. Desfallece.
> Y entonces,
> como garrocha,
> como cuchillo o foete,

21. Cf. antes, en «Tarea»: «¿No ves que voy adoquinando / las múltiples veredas del alma ciudadana...?»

la sudorosa boca del pilador
esgrime
su silbo
juiii juiii juiii juiii
penetrante y lejano,
precursando
el *San Lorenzo*
amarra el perro
y suelta el viento
remotísimo
y jíbaro.»

Los ritmos fónicos sugieren la fatiga del pilador. Al momento de la energía sucede el del trabajo que implica sacrificio. El poeta utiliza imágenes gráficas de agresión y de tortura en sus símiles: garrocha, cuchillo, foete. El pilador alivia su tormento por medio de ese silbo y de canto tradicional. La onomatopeya «juiii juiii juiii» es inolvidable para quien ha escuchado el silbo en la montaña. Se preña de nostalgia. El autor ha alcanzado aquí una cuerda cordial de nuestro ser campesino y la ha tañido en forma supremamente acertada.

Las dos cuartetas que siguen son sintéticas y están montadas sobre variaciones de la onomatopeya y otras estructuras fónicas:

«Así pon pon y silbo,
silbo, canto y pon pon,
el cuerpo de los granos
va a vestirse de sol.

¡Pobres los padres brazos
del rítmico pon pon!

¡Triste la boca madre
del silbo cantaor! »

Contrastes de vocales graves y agudas y afinidad consonántica, en ritmo aliterativo. No obstante la búsqueda de la sonoridad por el autor, el conjunto resulta inferior a la estrofa inmediatamente previa.

El tema del trabajo explotado, que se hallaba latente desde el principio, aflora a ras de aguas en

«Hambres petrificadas,
cadenas y dolor,
se han grabado en la piel
verde mate y obrera
del eco y la canción.»

La conciencia social avanza al centro del proscenio desplazando a la inicial contemplación lírica, por obra de un ahondamiento en la realidad humana. Predominan lo patético y lo simbólico.

La estrofa final es en parte recapitulativa, pero introduce variaciones:

«Otra vez para siempre
        pan pon
        pun pon
        pon pon
brutal a sombra y sol,
Juan Bautista del silbo,
juiii juiii juiii juiii
remoto y cantaor.
Luego...
San Lorenzo
amarra el perro

y suelta el viento...
que otro perro más perro
de gigantes colmillos
me ha mordido el sudor
cuando los granos iban
a vestirse de sol.»

El poema deviene dramático y en esta última parte se convierte en una alegoría de la explotación de nuestro pueblo (Juan Bautista) por el extranjero.[22]

«Los Piladores», poema ejecutado en dos tiempos —del amor y del dolor— tiende un arco hacia la nueva temática social y proletaria de Francisco Manrique Cabrera, que habrá de alcanzar una culminación en *Remo y Reto* (ver más adelante).

En «Caña», última composición de *Poemas de mi tierra tierra,* encontramos aquella temática ya en pleno vuelo.[23] La acción contemplativa descubre una contradicción íntima que reseca el decir:

«Planta que al sol anuncias
ramilletes de verdes,
largos

22. Doña María Cadilla de Martínez dedicó la mayor parte de su artículo «Voz del Solar», publicado en *El Mundo,* el 13 de septiembre de 1936, a «Los Piladores». Dice, en parte: «Ni el San Lorenzo de nuestros jíbaros evita el fatalista cuento de la verdad: de las lágrimas que corren con el sudor y de la sangre seca en paja sin poder dar íntegra la vida. No hacen falta los episodios en detalles: los sugerentes contornos encarnan la evocación a compás de la batuta diestra de este polifónico concertador de acordes.»

23. A este poema se refiere María Teresa Sánchez en su artículo «De mi tierra tierra», de F. Manrique Cabrera», publicado en *El Mundo,* 29 de noviembre de 1936, pág. 9, y cuenta que al ser recitado ante «un inmenso público de obreros y estudiantes en San Germán y Guánica» fue aplaudido frenéticamente.

como machetes pardos,
sonrientes,
que nunca sacian
de morder tu dulzor.»

El poema desarrolla esas contradicciones iniciales. Por ejemplo, en la cuarta estrofa:

«Tus raíces, artistas de lo dulce,
obreras sin relevo por los siglos,
conocen toda la amargura
que a mi tierra le cuesta tu dulzor.»

La palabra se recoge para expresar de cerca las peripecias de este drama, que es el drama de un pueblo:

«Ellas van escrupulosamente
escuchando el consejo de las rocas,
las aguas y los barros,
que todos con los labios de mi tierra tierra,
enuncian dulzor puro
y melodías melosas
que se llevan los mares a otras tierras.»

Es preciso admitir que el lenguaje abstracto y la redacción misma no son de lo mejor. Se adelanta hacia algo más poético en

«Tus hojas, con sus labios de verdes numerosos,
están siempre dispuestas
al apretón constante,
caluroso y solemne
de la boca del sol.»

En medio de este fragor emerge de nuevo, y un poco sorpresivamente, el tema del negro,[24] como el jíbaro, explotado en las plantaciones de caña de azúcar:

«Tú sabes lo que te canta el negro
empapado en martirios y pelusas,
cuando deja gotear pesadamente
la monotonía sensual de su
caña tumbá
pára hacendao;
caña pará
tumba hacendao.»

No es la alegría vital de la negra palesiana que canta en el centro de su paraíso antillano sino el grave y doloroso lamento del negro explotado, donde ya hierve la rebelión del oprimido.

En la penúltima estrofa, el autor se identifica con los humillados de la tierra y sintetiza todo el sentido de este decir final:

«Caña, Caña, Caña,
planta dulce y amarga.
Escucha:
yo mismo no soy sino un nudillo tuyo
tronchado al sol
por el machete agrio de unas penas
y de la explotación.»

Este poema ya podría aparecer en *Remo y Reto*.[25]

24. Ver «Canciones rítmicas».
25. Sobre este poema dice Tomás de Jesús Castro, en su artículo «Manrique Cabrera y su primer libro de versos...» lo siguiente: «Es la primera vez que se dice la realidad social auténtica de este país, en

Para adquirir la visión general del libro, evoquemos la situación original de Manrique Cabrera cuando se hallaba en España preparando su tesis doctoral. El poeta, trasterrado en Madrid, trabaja con las materias del recuerdo y la añoranza, de la angustia de la separación. La distancia favorece la contemplación del cuerpo remoto de la Patria —«me llegas sin espumas por el viento»— en la memoria. La poesía es un medio de traerla de nuevo a sí —«Otra vez, con la canción adulta»—, de hacerla presente ante los ojos. Para el lector puertorriqueño, esta nueva mostración se logra por medio de las imágenes, emociones, ideas y sentimientos que en él evoca el texto poético. Cuando la palabra despierta en la psique del lector la imagen de una cosa, persona o situación, que ha formado parte de la experiencia de ese lector, se tiñe de belleza. Ciertamente, este efecto se intensifica cuando los objetos son hermosos, como el silbo del jíbaro pilador. No es el único componente estético en las circunstancias.

El modo evocativo genera mirajes de creación. Mágicamente brotan paisajes y lugares: «Donde mi verso pone el puño / nacen montañas...» En este proceso lo importante es señalar la selectividad del poeta: ríos, montañas, pájaros, lomas, palmas, quebradas, nubes, lluvias, sol, luna y otros personajes de nuestra naturaleza tropical. El mundo humano también es campesino y más bien representado por sus obras que por sus personas, por ejemplo, el güiro, el batey, la carreta, el machete, el quinqué, la copla y el pregón. Lo más que resalta es la

---

verso... Con la lectura de este poema bastaría para levantar la cortina y dejar a plena luz el caldeado escenario de esa tragedia, que no es otra que la de un Prometeo del Caribe con prolíficas entrañas de azúcar...» Ver *Puerto Rico Ilustrado*, San Juan de Puerto Rico, año XXVII, número 1.389, 24 de octubre de 1936, pág. 64.

eliminación del plano histórico. Pero no deja de laborar una conciencia del tiempo: «Asta antigua y solemne / del cantar de la sierra» llama al güiro. En «Canción» alude a «mi acento arcaico...». El poeta se incluye, por delegación nominativa, como elemento activo en el cuadro:

«Suena el Batey.
¿Quién habla?
Aquí Cabrera la voz jíbara terca,
alma de la montaña.»
(«Batey»)

La constante nominación, en función evocativa, responde a la voluntad del *Fiat* creador. Los nombres de los seres naturales reflejan un ansia de espacio genésico, de un ámbito de fundación que podamos llamar nuestro. Los nombres de las obras humanas —güiro, batey, aylolé— son imágenes simbólicas de una faena de autenticidad: guías para la creación del hombre puertorriqueño.

Pero las cosas y los seres no están ahí meramente. Reverberan dentro de un mundo pletórico de vibraciones y energías. Son infinitas las relaciones entre ellos. Constituyen un sistema dinámico en constante devenir: es el orbe de *Poemas de mi tierra tierra.*

Francisco Manrique Cabrera logró en *Poemas de mi tierra tierra* esa cosa tan rara: un verdadero *libro* de poemas. Un libro completamente integrado, bien coordinado en todos sus elementos, bien concertado. Pero logró más, todavía. Consiguió darnos uno de los mejores libros de nuestra poesía neocriollista. Un libro donde se quintaesencian las notas más fluidas y armoniosas de nuestros paisajes campestres, las notas más frescas y sugestivas de nuestras tradiciones populares. Un libro donde la visión de la Patria se matiza de pureza de sentimientos, de ternura y de encanto. Un libro que es fruto del sereno equilibrio alcanzado por el espíritu del poeta entre su amor a la tierra y el exacto manejo de la lengua para expresarlo.

Velas hacia el ser

Después de esa cumbre, *Poemas de mi tierra tierra* —montaña que piensa— ¿qué podía suceder? Francisco Manrique Cabrera había cuajado una obra en madurez, comparable en cualidades estéticas a *Tuntún de pasa y grifería* (1937), de Luis Palés Matos, a *Amor de Puerto Rico* (1937), de Juan Antonio Corretjer, y a *Color* (1938), de Evaristo Ribera Chevremont. Era, a la vez que alta poesía, una interpretación de nuestro ser nacional.

Los recursos técnicos aprendidos y ensayados durante el período de formación de Vanguardia tanto en lo que se atiene a la construcción del verso, de la estrofa, del poema como a la imagen que busca la revelación de nexos sorprendentes habían sido asimilados a plenitud y junto con el anhelo de renovación lingüística fueron subordinados a la meta de crear la patria en la poesía. Pero no se trataba sólo de esto sino de buscar también la expresión autóctona, como lo dice claramente en el poema «Güiro», y, por lo tanto, de fundar un arte y una poesía auténticamente nacionales, necesidad que había señalado mucho antes José de Diego en el prólogo a *Cantos de Rebeldía.* Además, la intención estética había abandonado el plano del juego ultraísta o de aquel «sentido deportivo de la vida», de que nos hablaba José Ortega y Gasset, para enfilar rumbo a la plasmación, en serio, de una obra de arte. Y Francisco Manrique Cabrera lo logró en *Poemas de mi tierra tierra.*

El cielo de aquellos últimos años de la década del treinta se va cundiendo de tintes sombríos y de arreboles trágicos. La invasión de Etiopía por los ejércitos fascistas de Mussolini y la Guerra Civil Española anuncian los comienzos de la Segunda Guerra Mundial. En Puerto Rico, el Partido Nacionalista sufre la más dura de las persecuciones. Massacre de Río Piedras, Massacre de Ponce, asesinato de Beauchamp y Rosado y encarcelamiento del doctor Pedro Albizu Campos junto a un manojo de patriotas que lidereaban aquel movimiento. Son acontecimientos demasiado graves para que los poetas puedan dedicarse a meros jueguitos de palabras.

En estas circunstancias, la conciencia social de Manrique Cabrera da un paso al frente para decir su palabra. Así lo vemos en la sección «Remo y reto», de *Huella-Sombra y Cantar,* versos escritos entre 1937 y 1938. Sólo tenemos cuatro poemas de ese cuaderno, dos de los cuales, «Los de Tercera» y «Y ellos esperan», son, para mí, de las mejores composiciones de la poesía llamada proletaria que se hayan escrito en Puerto Rico. El tema de las injusticias sociales y de la opresión del hombre ya se había dejado sentir antes en las «Canciones rítmicas», cuando Manrique Cabrera templa el tema del negro. También en «Los Piladores» y «Caña», precisamente las dos composiciones finales de *Poemas de mi tierra tierra.*

«Remo y reto» es una paranomasia, que sugiere, con su primer miembro, el fatigoso arrastrarse del que lucha con el agua con sólo un palo en la mano tratando de vencer las distancias, y en su segundo, el que siente su vida y su faena como un desafío a su capacidad de labrarse su propio destino. Tal vez el título más apto hubiera sido el del primer poema, «Quejido nocturno», que nos da la cualidad de los tiempos que se vivían.

«Un quejido nocturno se hace plomo
al compás del cantar de los faroles.
Son ellos, ellas...
los que agrandan la noche
enlutando las luces endebles que trasnochan.»

El fuerte dramatismo de «Quejido nocturno» se prolonga y complica en «Los de Tercera». «Hacinados junto a un calor sin alma», en los más bajos fondos del navío son señalados como «un puñado de "cosas"». El barco es obviamente una imagen de la sociedad. Los burgueses que viajan en primera y segunda miran a los de tercera con «desdén hierático». Han decretado que:

«estos ojos son incapaces de digerir colores;
estos oídos son ciegos a las melodías altas;
estos labios son estériles para la ternura del beso;
estos cuerpos son sordos al ritmo;
estas almas no vibran al verso;
y tan sólo son aptos
para el sudor,
para el hollín,
para noches sin tregua.»

Pero el poeta vislumbra en esas almas la semilla de una primavera humana. Acaso formulaba un nuevo ideal de lengua poética cuando dice:

«Aquí vamos creando con dolor
nuestra palabra,

dura,
como nuestras almohadas,
desprovista de afeites,
desnuda de adjetivos;
apretada,
como esos barrotes de hierro macizo
que circundan las noches
de nuestras cabeceras.»

El poema termina con la siguiente profecía:

«la tercera alumbrará la clase única
con su puño de hierro proletario.»

Posee este poema una belleza austera, viril. Admirable es también «Y ellos esperan» donde se logran excelentes efectos de caracterización dramática, por medio de imágenes complejas. En la profecía final, la elocución es más fuertemente imaginativa que en «Los de Tercera»:

«Entonces un sol de rojo denso
violará las lomas del levante,
y una canción triunfal verá la luz
por los dientes de los arroyuelos.»

«Tac-catac-tac» está construido a base de la onomatopeya que aparece en el título, imitando el tecleo de las máquinas de escribir. La onomatopeya está muy bien empleada, aunque el efecto no es tan hermosamente sonoro como en «Los Piladores» y en «Güiro».

Considero que *Alba y Nana*, poemas infantiles escritos entre 1938 y 1940, constituye más bien un paréntesis. Sabemos que Francisco Manrique Cabrera fue compilador de una antología de versos de niños. Además, en

Poemas de mi tierra tierra, composiciones como «Mi Bandera» y «Balada de la Flor Niña Muerta» habían demostrado su destreza en este sub-género. Acaso en esos años de *Alba y Nana,* el autor buscaba la mayor sencillez posible de dicción y lanzar una mirada candorosamente virginal sobre el mundo. Así lo sugiere el comienzo de «Oración del Niño Bueno a la Madre Poesía»:

> «Madre mía,
> Poesía,
> que estás en el cielo
> y en el suelo
> a mi lado,
> dame siempre
> el frescor de tus cantos.»

Los de *Alba y Nana* son poemas infantiles muy buenos aunque no superiores a los ya mencionados de *Poemas de mi tierra tierra.*

Del cuaderno *Huellas,* escrito entre 1940 y 1943, publica Manrique Cabrera nueve composiciones en *Huella-Sombra y Cantar.* El motivo de «huellas» venía desde antes y valdría la pena perseguirlo si tuviéramos tiempo y espacio para ello.[26] El primer poema es «Llegada fugaz» y trata de la visión efímera de un mundo poético. Puede compararse con «Tú», de *Poemas de mi tierra tierra.* Le sigue «Sueño de Sima a Cima», uno de los grandes poemas de Manrique Cabrera. Aquí el autor lucha con el problema de la creación. Establece analogías con el estado del mundo antes del Génesis y con la situación fetal de

26. Sobre la noción de «huella» en la obra de Manrique Cabrera, ver el interesante trabajo del doctor José A. Fránquiz, *Los tiempos poéticos de Manrique Cabrera y la metafísica del tiempo en su poesía,* Cuadernos de Filosofía «Luminar», México, 1944.

la criatura. En la negación absoluta —la sima— se invierte la dirección del tiempo, reina la soledad y la paz de lo inmóvil. Es un «andar por la tierra de nadie de uno mismo». Pero llega el momento de la revelación: «Y de repente una hormiga de luz sobre mis ojos.» En la antepenúltima y penúltima estrofa describe el nacimiento del mundo de la poesía: la cima. El poeta queda en la constitución del ser «millonario de luz». Es de notarse que el problema de la creación, al que se enfrentó Manrique Cabrera en *Poemas de mi tierra tierra* tiene aquí una solución individualista.

«Huellas» es la pieza central de este retablo, dividido en tres paneles. En el primero, «Huellas (pasadas)», el tema del pasado aniquilador de las posibilidades vitales que aparecía en «Sueño de Sima a Cima» es desarrollado ampliamente. En las últimas dos estrofas, la contemplación del paisaje, la observación de la Naturaleza generan el sueño. La conciencia del tránsito temporal se hace sentir a lo largo del poema, tal vez buscando una perspectiva de trascendencia: «Que todo es uno, germen primario y mismo / del es, fuiste, serás». En el segundo panel, «Huellas (presentes)», se nos ofrece la batalla del poeta en el ahora y hoy «poblado de palabras» que se desperezan prosaicamente «a tumbos». El poeta acude a la música para romper la cerrazón del tiempo: «Me encaramo en los oídos-ojos-voces de Beethoven». Como en «Sueño de Sima a Cima», la revelación brota inexplicable:

> «Voy lento caminando sobre mi tierra tierra
> y de súbito tropiezo la más remota
> y virginal estrella.»

Pero la negación no desaparece como en «Sueño de Sima a Cima». Es un presente semifeliz: «La agonía y la flor visten la misma moda. / Igualan las alas de las piedras a pies de la paloma.» El tercer panel, «Huellas (futuras)», construye imaginativamente la visión de un futuro venturoso. Pero la visión se escinde: Poesía que está en el cielo:

«Allá arriba hay la mar
con cabras que saltan melodías
y cabreras que cantan como espumas.»

Poesía que está en el suelo:

«Acá abajo nubes madrugadoras
pastarán valles hondos
sombríos de mis sueños.»

Al fin y al cabo, el poeta siente confianza en su capacidad de creador: «Yo bogando hacia el mañana orilla del seré». Las huellas «de lo venir por mí» son retos a «ese vivir-soñar», retos que él sabrá contestar. El poema «Huellas», corazón del libro, termina, como vemos, en notas positivas.

Diré poco sobre los poemas que quedan. «Grieta a luz» replantea, en parte, la problemática de «Sueño de Sima a Cima» y reafirma la fe del poeta: «Que no hay tierras ni tumbas lo bastante / para encerrar la sangre de mis sueños.» «Voz horizonte» expresa de nuevo la lucha contra lo negativo del ayer y del hoy. Pero la esperanza late desde el principio: «Alzándote a burbujas contra el rezo del agua / ahuyentáronse flechas color de ruido a noche.»

«Este camino...» nos da una imagen de la vida del poeta como un viajar con los «pies heridos». Se parece a «Huellas (presentes)». A pesar de las negatividades de la temporalidad inmediata: «Han de llover estrellas con fatigosas alas. / Tendrá hogar mi semilla.»

El cuaderno termina con otro poema importante, «Sueño de Sima-Aurora». El título con su aliteración en ese y la expresión sintética, donde se reúnen dos sustantivos polares, resumen el sentido del conjunto. Los primeros acordes son de malos agüeros y muerte:

«El nubarrón presagio mullendo hondas negruras
que machetes serían al degollar estrellas.»

Y más adelante:

«¡Ser planta retorcida en carne-tarde-ocaso!
Puertos de sombra esperan
velámenes cadáveres.»

Pero dentro de ese ambiente la vida es febril combate: «Herir-cortar las siempre venas frías de luz...» Al fondo, el poeta ubica su yo como un guerrero que se proyecta en pantallas ideales: «Yo estuve viendo ventanas vuelos albas / y caracoles lirios limando melodías.» Aliterativamente. El guerrero sintió «el reto de torres que agujeran el cielo.»

La cuarta y quinta estrofas describen la situación existencial del poeta en la «sima».

«Y así, máscara de átomo, 16
alzaba ante mi verso brío
todo rumor de fuerza
que ropa de aire vista,
o niebla de rocío.»

En esa crisis, la tierra puertorriqueña le brinda un sentido de tarea inmediata:

«Sietemesina estabas junto a mi voz delirio
y herido de esperanza
mi verso, te tremoló bandera.»

Esa tierra estaba, a su vez, en la «sima» del estancamiento colonial:

«Torrencial tierra sombra
con dientes de podrir ríes a otros
macabra paz quietud.»

La realidad nacional no es contemplada aquí como paisaje lírico sino en perspectiva de sombrío dramatismo:

«A ti volverme-he
. . . .
cuando se ahogue entre sus aguas-pájaros
la campana del río.»

El fuego es otro hontanar de salvación. Le llama:

«Hermano mío legítimo,
te crié entre mis dedos,
te conozco entre el sol.»

Creo que en esa estrofa —la octava— alienta el espíritu de Prometeo. Ese «pequeño hermano fuego» es el germen de la Aurora. El fuego —luz, sol, tierra— le alumbra una vivencia inefable, de matiz místico:

«Yo sé-sabría decir más
¡si supiera decir...!
Pero...»

Tal vez no se pueda ir más allá. La penúltima estrofa es una sinopsis de todo el poema:

«Reinciden cicatrices con voz tambor de ensueño.
Albas de paso fino rezongan como ausencias,
y el alma de un aullido busca sepulcro cierto.
¡Morder frutos de luz a la sombra que he sido!»

Me parece que el verso final citado define bien la situación existencial del autor y el tono del poema. La simultaneidad bipolar del título resume la tirantez y desgarramiento de quien atisba un sol de cumbres mientras camina por un valle de sombras: «Albas de paso fino rezongan como ausencias.»

Es claro que los poemas proletarios de *Remo y Reto* poseen una continuidad de trayectoria con *Poemas de mi tierra tierra,* pero en aquéllos se había perdido la visión que alentó en el segundo. La lengua se va haciendo más sobria hasta *Alba y Nana,* inclusive. Sin embargo, con *Huellas,* el escritor entra en una etapa de intensa problematicidad existencial. No hay, pues, una visión que aliente la fundación de poemas sino una conciencia atormentada por el anhelo de gestar una nueva poesía. Mientras que en *Poemas de mi tierra tierra* Manrique Cabrera tenía respuestas —quedando los problemas al fondo—, en *Huellas* las cuestiones de creación, de ser y no ser, de salvación por la poesía, de la relación entre ética y estética dan un paso al frente y se imponen.

Poemas de mi tierra tierra trae un mensaje para nuestro pueblo, para todos los puertorriqueños. *Remo y Reto* trae un mensaje para todos los hombres. *Huellas* plantea la cuestión: ¿Hay mensaje? Y si lo hay, ¿cuál es?

Tal vez Francisco Manrique Cabrera descubrió que la poesía no da solución alguna a tales problemas, por lo menos, solución definitiva. Tal vez ello contribuya a explicarnos por qué lleva la imagen y el lenguaje a tales grados de complicación. Manrique Cabrera me ha dicho que él buscaba una nueva sintaxis, y, se puede añadir, una nueva morfología, hasta cierto punto. Pero ello era verdad desde *Rumbo en flor* y *Poemas de mi tierra tierra.* En cambio, en «Los de Tercera» pedía una palabra «dura», «desprovista de afeites, / desnuda de adjetivos...» ¿Por qué no siguió por esos rumbos? Mi hipótesis es que el crecimiento de su conciencia problemática se lo impidió. Con la lengua esbozada en «Los de Tercera» no hubiera podido internarse por los problemas existenciales y de creación que le preocupaban. Tales problemas son suficientemente complicados en sí mismos como para intrincar un lenguaje exclusivamente filosófico. ¿Qué no diremos de la poesía? Además, Manrique Cabrera acomete una empresa casi imposible: la ventilación y solución de tales problemas al mismo tiempo que la invención de una nueva lengua poética. Las innovaciones morfológicas y sintácticas son muy interesantes, pero no es éste el momento para discutirlas.[27] Baste señalar por ahora que aunque en *Huellas* se dan momentos de plena poesía, comparables a los de *Poemas de mi tierra tierra,* para un lector, por lo menos el texto ofrece puntos de apoyo tan fuertes a una conciencia de los problemas de la lengua que a menudo interfiere con la captación de los valores poéticos.

27. Véase más adelante la sección «Lengua».

Ímpetu de trascendencias

Los últimos poemas que he podido ver de Francisco Manrique Cabrera, y que gentilmente me han sido facilitados por él, no indican que él haya ido más allá de *Huellas* en los aspectos lingüísticos. «Árbol de Fuego al Tiempo», donde aparecen los temas del tiempo y de la muerte, como en «Sueño de Sima-Aurora», podría formar parte de *Huellas*. La conciencia de la temporalidad en la obra de Francisco Manrique Cabrera merece un estudio detenido y aparte.[28] «Algo» es un poema que retiene algo de la complejidad expresiva de *Huellas* y es muy interesante también para ver cómo ha evolucionado la visión de la tierra desde *Poemas de mi tierra tierra.* Es cierto, sin embargo, que se refiere a un hecho histórico: el Grito de Lares. A esos fines sirve mejor el «Réquiem de Bienvenida a Pedro Salinas», escrito con motivo de la muerte del gran poeta español y su entierro en el cementerio de la Capital. Este hermosísimo poema, oreado de un sereno sentimiento, retiene la técnica del enfilamiento de imágenes, pero las metáforas no son tan intrincadas ni la sintaxis tan recargada y densa como en *Huellas.* En vez del güiro, instrumento clave y simbólico de *Poemas de mi tierra tierra,* aparece la guitarra:

> «Esta guitarra, el único camino,
> el único fiel puente que me queda
> hacia la clara voz de ese silencio
> de tu postrer volver grande en lo grande.»

La visión de la patria ha perdido plasticidad sensual para sutilizarse en ímpetu de trascendencias:

28. Véanse las interesantes observaciones del doctor José A. Fránquiz en *op. cit.*

«Isla madre escondida que reclamas
con carne que no es carne sino verso,
atisbo, brisa,
polen de eternidad sin límites ni ocasos.»

Tal vez en el «Réquiem» como en «Breve Canción-Pedrada» se apunte ya a un segundo momento de madurez en la obra de Francisco Manrique Cabrera. Es un decir más arremansado y seguro. Casi, yo agregaría, de sabores clásicos.

LENGUA

Por ser la poesía arte de la lengua resulta muy difícil precisar dónde termina lo poético y dónde comienza lo lingüístico o viceversa. Hay varias teorías del lenguaje poético que no podemos discutir aquí. Los formalistas rusos han sostenido que no existe diferencia importante entre lengua poética y lengua cuotidiana. No es menester ser formalista para darnos cuenta de que el habla cuotidiana es muy poética. Es verdad, sin embargo, que la mayoría de los parlantes no se percata de su propia creatividad poética.

Al comienzo de este trabajo señalé la continuidad entre el habla de Francisco Manrique Cabrera y su escritura. Insistí en que ésta es una proyección del sistema total de su personalidad. Quien haya oído hablar a Manrique Cabrera no puede menos que admirar su capacidad de inventar imágenes, palabras nuevas y formas originales de decir.

También destaqué que la transmutación del habla en escritura, y, sobre todo, cuando se trata de poemas, involucra ciertas circunstancias y la mediación de una voluntad estética. Para usar la analogía de Platón y Aristóteles, el poema es una obra de arte que suele tener cabeza, torso y pies. Aspira a constituirse en una forma captable, en su unidad, por la intuición del lector. Es en este sentido que se puede afirmar que el poema es una estructura cerrada.

Para efectos de este trabajo quizá podemos llamar «palabra» *(parole du poète)* al habla del poeta en sus avatares de escritura. La «palabra» tiene que obedecer a la ley de formación del poema, tanto en sus aspectos estructurales (que incluye el verso y la estrofa), como en el anhelo de desempeñar funciones estéticas (arte). Esa «palabra» es lo que llamamos con cierta inexactitud «lengua poética».

Hemos de tomar todo esto en cuenta al enfocar el proceso de la «palabra» en la obra de Francisco Manrique Cabrera. Si echamos una mirada de conjunto sobre esa obra descubrimos que, de principio a fin, es persistente el esfuerzo por renovar la lengua como instrumento expresivo, por innovar y hasta crear un nuevo lenguaje poético.

En *Rumbo en Flor* y *Canciones Rítmicas* tal empeño está vinculado a la atmósfera experimentalista del período de Vanguardia. El juego gozoso con palabras, frases e imágenes que caracterizó al Ultraísmo, el énfasis en la onomatopeya y de combinaciones fónicas desusadas que J. I. de Diego Padró y Luis Palés Matos iniciaron en Puerto Rico con el *Diepalismo,* el disparo ingenioso de la greguería de Ramón Gómez de la Serna, las construcciones creacionistas de Vicente Huidobro, el instantaneísmo lírico. Todas esas cosas y otras más tienen sus repercusiones en los primeros cuadernos de Manrique Cabrera y se prolongan, en distintas encarnaciones, a lo largo de su obra. Pero ya es característico de él que no se entrega a un radicalismo absoluto en la tentativa de innovación. Su formación campesina se lo impedía. Tal vez influyeron en él García Lorca, Machado, Alberti y Villalón para elevar de nuevo a la luz la frescura de formas y expresiones que proceden de la tradición popular. De modo que la palabra nueva no es sólo la inventada por el autor, sino la sorprendida en su integridad virginal en boca del pueblo.

En *Poemas de mi tierra tierra* la voluntad de innovación lingüística continúa pero la «palabra» manriqueña ya no quiere sólo regodearse en el gracioso jugueteo y el malabarismo ingenioso. La tarea es muy seria: nada menos que fundar la patria en la poesía. El lenguaje tiene la encomienda de develar los rostros secretos y permanentes de la tierra. Sus sentidos vitales deben reflejarse en esta obra de arte. La «palabra» debe preñarse con el ritmo encantatorio de un conjuro que haga posible la epifanía:

> «Si os dijeren güiro
> quitáos las sandalias del alma
> que pisáis tierra santa.»
>
> («Güiro»)

> «Cuando la voz batey se encarama en mis labios
> una lluvia de claridades amanece en mi espíritu.»
>
> («Batey»)

Los ritmos como que se recogen. Se hacen más pausados y a veces hasta solemnes: trocaicos, yámbicos, dáctilos y anapestos. Ritmos de andadura sosegada por las veredas del campo: «voz a caballo». Quizás haya en ello la intención inconsciente de imitar las estructuras rítmicas de nuestros paisajes. Existe tal vez, además, una conciencia de límites: la necesidad de decir estrictamente lo justo, de dar en la clave para que emerja en el espíritu del lector las *gestalten* ideales de la patria. Manrique Cabrera pone a buen recaudo los recursos aprendidos en la época de Vanguardia. Para dar un solo ejemplo: «Güiro» y «Los Piladores» son dos obras maestras del uso de la onomatopeya.

Lo que ocurre en *Remo y Reto* es que el autor ha puesto la mira en otra parte: justamente en las injusticias y dolores que sufren en este mundo los humillados y ofendidos. De ahí que la lengua poética se pueble de valores dramáticos. Acentos vigorosos, versos con golpes que caen, severas consideraciones. Tono incisivo y hasta mordaz. Esa «palabra» que aspira a una suprema desnudez tiene el propósito de levantar conciencias, de denunciar situaciones oprobiosas. Canción de protesta.

Mientras que en *Alba y Nana* vuelve Manrique Cabrera por los fueros de un ideal lingüístico, ya latiendo en *Poemas de mi tierra tierra.* Vale decir, la recaptura del sentido original y puro, la visión adánica de las cosas. Para ello se presta la poesía infantil, cuyos secretos son: el encanto, la magia y la música.

Es en *Huellas* donde Francisco Manrique Cabrera realiza el más gigantesco esfuerzo por crear una nueva lengua poética. Quijotescamente, ataca por todos los frentes. Es tan desmesurada su tentativa que, a mi juicio, a veces llega a sacrificar la calidad estética misma. Algo semejante le sucedió a César Vallejo en *Trilce.* En *Huellas,* la «palabra» no suele tener la aplomada fluidez de *Poemas de mi tierra tierra* y la escueta sinceridad de *Remo y Reto.* Esa «palabra» se tuerce sobre sí misma, se encabrita; se carga de tremenda densidad semántica. El lenguaje en *Huellas* es sometido a violenta presión. Una presión que le viene de la voluntad del autor, de su querer sin límites hacer una nueva lengua poética. La «palabra» es crisol, no caudal. Las técnicas aprendidas de Vanguardia y cultivadas en los libros anteriores son sometidas a altas temperaturas. Intensificación de las modificaciones morfológicas. Uso proliferante de la unidad expresiva sintética. Búsqueda de una nueva sintaxis que a menudo desemboca en la anfibología, el hipérbaton y la anástrofe.

Hay en *Huellas* una latente destrucción del lenguaje, o de la lengua en el sentido saussuriano, que se mezcla con tentativas de erigir andamios para un nuevo edificio. La atmósfera es de violencia, discordia y tirantez. Todavía se puede ver mucho de esto en uno de los últimos poemas: «Árbol de Fuego al Tiempo». Pero en los otros, y, sobre todo, en «Réquiem de Bienvenida a Pedro Salinas», la lengua recobra sus funciones denotativa y connotativa. La «palabra» se apoya en el proceso denominativo y aparecen unos ritmos que nos recuerdan, en parte, a *Poemas de mi tierra tierra.* Si «Réquiem» es poema clave, la «palabra» del poeta ha encontrado su centro de equilibrio entre la festiva experimentación de tipo vanguardista, la sencillez abstracta del vocablo puro y la violenta anamórfosis del lenguaje. Las perspectivas no pueden ser más prometedoras.[29]

Algunos procedimientos lingüísticos

El estudio de la lengua poética en la obra de Francisco Manrique Cabrera merece una investigación especial, por lo menos, al nivel de maestría. Por razones que se caen de su peso, puedo aludir aquí, muy sucintamente, a algunos de los procedimientos que él emplea.

29. Para otros puntos de vista míos sobre la poesía de Manrique Cabrera, se puede ver *La poesía contemporánea de Puerto Rico,* páginas 152-156.

A. *Sustantivos*

i) En función vocativa. — Lo importante aquí es que delatan la selectividad del poeta con relación al mundo exterior y al interior. Indican e invocan los elementos que él utiliza para construir su mundo poético. Así, por ejemplo, montaña, nubes, palmas, lomas, ríos, pájaros, sol, quebrada, batey, güiro, en *Poemas de mi tierra tierra.* Quejido, harapos, rebaño, hierro, fango, fuego, piedra, mendrugos, en *Huellas.*[30] La función vocativa tiene como propósito despertar en la psique del lector las imágenes de las cosas y personas que el poeta quiere presentar.

ii) Uso enfático. — Puesto que algunas cosas y seres tienen particular significación y valor para el poeta, éste pone énfasis en ciertos nombres:

«El batey de la voz de la luna,
el batey del cantar del barranco,
el batey del recio poema del sol,
y el del *Seis chorreao.*»
(«Batey»)

Muy de la predilección suya es el empleo enfático del infinitivo como nombre verbal:

«¡Oh mi llegar-reír
y mi decir-danzar
ansias-gemas de flores a rocío!»
(«Voz horizonte»)

Muchos de estos casos se dan en *Huellas.* Sobre la construcción sintética, ver más abajo.

iii) Ampliación semántica. — El poeta, empujado por

30. Por razones de economía doy un número mínimo de ejemplos.

la propia sugestividad del nombre, le descubre nuevas posibilidades semánticas:

«Hablaremos en güiro,
lengua nuestra común desde hace siglos.»
(«Batey»)

iv) Emparejamiento. — Como ya indiqué arriba, al hablar del título de *Poemas de mi tierra tierra*, la pareja de sustantivos tiene dos funciones, a saber, (a) la repetición insistente con propósitos de consolidación y afincamiento, y (b) la intercambiabilidad del papel de adjetivo, ya sea con intención caracterizadora o determinativa, como en *Huella-Sombra y Cantar*. Además, es una de las manifestaciones de la tendencia sintetizante que llega a su culminación en *Huellas*.

La síntesis, en unidad expresiva, de dos o más palabras, desempeña diversos papeles (ver más abajo). El historiador alemán de la literatura de la América Latina, Rudolf Grossmann, ha llamado la atención sobre este original procedimiento de Francisco Manrique Cabrera, con las siguientes palabras:

> «*Sorprendentes síntesis de expresión* que comprimen en una palabra distintos planos de la conciencia, un proceso lingüístico que tiene en los idiomas románicos un efecto mucho más extravagante que en los germánicos.» [31]

Como podrá notarse, el emparejamiento es un caso de ampliación semántica y también de transformación morfológica.

31. Ver Rudolf Grossmann, *Historia y problemas de la literatura latinoamericana*. Traducción del alemán por Frau C. Probst, Madrid, Revista de Occidente, 1972, pág. 490.

v) Seriación constructiva. — El fenómeno de seriación en la poesía de Manrique Cabrera requeriría un análisis detenido, puesto que hay varios tipos. La repetición vocativa de nombres distintos cumple el propósito fundamental de construir la situación, imagen o cuadro poético y presentárselos al lector. Ya he dado un buen ejemplo al citar la primera estrofa de «Mi Verso». Otro:

«Luna, estrellas y sol,
ríos y palmas,
ha mamado mi verso
en los senos augustos
de la montaña.»
(«Génesis de mi poema»)

vi) Sustitución de la cosa por el nombre. — Esta transposición de funciones surte efectos muy originales.

«danzad sobre las cinco letras del batey».
(«Batey»)

«Si os dijeren güiro
quitáos las sandalias del alma
que pisáis tierra santa.»
(«Güiro»)

B. *Adjetivos*

Lo que más nos interesa aquí es que los modificadores tanto del nombre como del verbo sirven a los propósitos de la construcción, ya señalada, para reflejar la actitud del poeta en términos de valores afectivos o estéticos, al enriquecimiento de la expresión y a la innovación por medio del descubrimiento de nexos sorprendentes. Por ejemplo:

«Verdinegro al norte aislando
canagüeya claridad.»
(«Viento tirador»)

Es mucho lo que habría que decir sobre la función adjetival.

i) Epítetos. — A Manrique Cabrera no le interesa mucho el adjetivo en función descriptiva o lisamente determinativa. Hay muy pocos ejemplos: «potritos jóvenes» en «Güiro»; «tiernos senos» en «Balada de la Flor Niña Muerta»; «muchachas jíbaras» en «Canción». En cambio, los epítetos pululan. «Rico avaro invierno» en «Romance Meñique»; «Llegas florecida de rutas epilépticas» en «Tú»; «convocarán sus verdes jibarísimos, / sempinéditos de alma, / vergonzosos de voz» en «Tú, Tierra...»; «desdén hierático» e «inmundos camarotes» en «Los de Tercera». También «entecas palabras burguesas». «Este ahora raquítico...» en «Huellas (presentes)». En «Réquiem de Bienvenida» encontramos: «En tus alforjas las vísperas frutales / y el resol de fructíferos presagios». Sería inmensa la lista de epítetos, que cumplen diversas funciones estéticas.

ii) Función paradójica. — Otro recurso que por lo menos debe mencionarse es el de la adjetivación antitética para surtir un efecto de paradoja. «Esas muchachas jíbaras / tan alegres y tristes» en «Sanción». «Canal seco y jugoso» en «Güiro».

iii) Seriación. — Es otra práctica que merece estudio. Ya hemos dado un ejemplo de emparejamiento sucesivo. La caracterización epitética a veces logra dar una impresión de *crescendo,* como en «Canción»: «Por ella marcho con mi acento arcaico / puertorriqueño, amargo, polijíbaro...» Otras veces utiliza la equivocidad, el entrejuego sustantivo-adjetivo, como sucede en «Quejido nocturno»: «Hacen tenor y bajo / deformes, mutilados y mendigos.»

Se quedan muchas cosas sin decir sobre los procedimientos de adjetivación.

C. *Verbos*

Las transformaciones necesarias a la construcción del poema, en las que desempeñan papeles importantes los modificadores, se hacen más explícitas e intensas en las funciones verbales.

i) Verbo nuclear. — Designo con el nombre de «verbo nuclear» aquel que lleva la carga semántica mayor y el papel de transformador principal en el verso u otra unidad de expresión.

«Baila negro
afrolírico.
Saxofonea
tus caudales rítmicos.»
(«Canciones rítmicas, II»)

«Pero el arroyo-alma
siempre apacienta el cieno
y canta claridades
que pregona en espejos.»
(«Voz horizonte»)

ii) Caracterización. — Los dos ejemplos que acabo de dar sirven para ilustrar el principio de caracterización, sin el que sería inconcebible la creación poética. También ilustran la tendencia innovadora de la lengua.

iii) Repetición insistente. — A veces en tiempo futuro: «Te achocaré, / te achocaré con temblor», en «Canciones rítmicas, I». Otras en tiempo presente:

«Reímos con nuestros ojos frescos,
hambrientos de remotos horizontes.
Reímos como trinos
nuestra risa melancólica y triste,
hospitalaria a tu alegría.
Reímos, reímos...»
(«Güiro»)

iv) Seriación. — Con función enfática, como en la repetición insistente, no es muy usada. Pero hay casos, como en «para cantar cantando mis cantares», de «Flor de Barrancos». En «Canciones rítmicas», el presente de indicativo de distintos verbos sirve para esquematizar los movimientos del baile del negro y expresar sus cualidades:

«grita, aúlla, salta, ruge,
parte arisco
con la pata al aire
ritmos».
(II)

En «Y ellos esperan» sirve para reforzar la repetición y como punto de apoyo al despliegue expresivo:

«En sus ojos
mil nubes parduzcas,
que han llovido,
que llueven,
que barruntan,
aguaceros amargos de angustias.»

Ya he hablado del infinitivo. Queda mucha tela por cortar en esta materia.

D. *Adverbios*

Lo que he dicho en general del adjetivo se puede aplicar al adverbio. Es preciso reconocer, sin embargo, que este modificador no es empleado con la misma frecuencia que el adjetivo. Sólo nos interesan los que descargan alguna función estética.

i) Indefinido enfático. — A Manrique Cabrera le gustan los adverbios indefinidos, de tiempo o lugar, nuclearmente ubicados. De tiempo: «Entonces tañeré el río» («Canciones rítmicas, V»). «Cuando mi verso avanza...» («Mi verso»). De espacio: «Donde mi verso pone el puño...» («Mi verso»). Este poema provee buenos ejemplos. Podría notarse que el indefinido enfático ocupa primer lugar en la oración.

ii) Caracterización de estilo. — El modificador marca el ritmo o modo de la acción, con valor gráfico: «Ellos van escrupulosamente / escuchando...» («Caña»). «Y de súbito tropieza / la más remota y virginal estrella...» («Huellas (presentes»). «Y ellos esperan apretadamente» («Y ellos esperan»).

Los modos adverbiales ayudan a la caracterización. «El sol hierve a besos» («Romance de la nota perdida»). «Me llegas sin espumas por el viento» («Tú»). «Vienes hecha a veredas» («Tú»).

iii) Sustantivos en función adverbial. — El sustantivo, como objeto directo, por un fenómeno de matización, puede afectar al verbo, adquiriendo de esta manera cierto cariz adverbial. Por ejemplo: «Pregonando cenizas» («Ese camino»). «La mar lloraba espumas» («Sueño de Sima Aurora»).

E. *Palabras nuevas*

Las alteraciones morfológicas son de sumo interés. Empero, dado lo extenso del trabajo y porque no pretendo agotar todos los temas, trato el asunto esquemáticamente. Esas modificaciones responden a la voluntad de innovación.

i) Por derivación. — «Asín, asán, asón» («Canciones rítmicas, II»). De onomatopeya: «pompónico», «pomponeada» («Los piladores»).

ii) Por derivación y composición. — «Afrolírico» («Canciones rítmicas, II»). «Cine-hablando» (en el mismo poema). «Jíbaro pluscuamamargo» («Y ellos esperan»). Podrá notarse ya la tendencia a la síntesis.

iii) Por síntesis. — Ya hemos rozado este tema. Requeriría un análisis detallado. La síntesis de sustantivos destaca la simultaneidad contextual de la situación que se presente, con aspiración a abarcarla de un solo golpe, en el plano expresional, y, por lo tanto, de trascender la estructura denominativa tradicional del idioma.

Unas veces subraya la unidad básica de los objetos mencionados: «yerbas-rosas-estrellas» («Este camino...»), «trueno-relámpago» («Sueño de Sima-Aurora»). Otras destaca la unidad de los contrarios: «sima-cima», «mar-tierra» o como en el título del poema «Sueño de Sima-Aurora». También, a veces, pone de relieve la continuidad y gradación de un proceso subjetivo: «carne-tarde-ocaso» en «Sueño de Sima-Aurora», cuyo mismo título es un buen ejemplo. O una relación de afinidad: «mariposa-amor» en «Voz horizonte». «Si los ojos-belleza de en asta-juventud» («Grieta a luz»). No siempre la síntesis está ligada por el guión: «voz horizonte», «nombre voz» («Voz horizonte»). También «paisajes amapolas», «cantos mariposa» («Grieta a luz»).

Ya he indicado que este procedimiento se aplica a los infinitivos y a los verbos con el propósito de hacer hincapié en la simultaneidad de la acción, parecido a lo que hicieron los pintores futuristas italianos con el movimiento. Combina un efecto intensificador. Así tenemos «decir-sentir» y «gemir-cantar» en «Huellas (presentes)». También «cantar bañarme» en «Voz horizonte». En tiempo presente: «Luego camina-piensa...» («Este camino»). *Huellas* es el libro donde más abundan los ejemplos de síntesis. El castellano, sin embargo, parece resistirse a este procedimiento.

iv) Onomatopeyas. — Las combinaciones fónicas raras y las onomatopeyas fueron explotadas para renovar el poema por algunos autores de Vanguardia. En Puerto Rico el más famoso es Luis Palés Matos. Manrique Cabrera hace amplio uso de esta técnica y a veces con gran éxito, como en «Güiro», «Los Piladores» y «Tac-catac-tac». Sigue una breve e inadecuada tipificación.

a) Por derivación de palabras preexistentes.

«Aullaré, aullaré
ahuuuuú
un blue.»
(«Canciones rítmicas, III»)

«El güiro rasca: chupa cachimba»
(«Ritmo antillano»)

b) Por invención. — Se sigue la ley de formación de la onomatopeya, tratando de imitar el ruido que se da en la realidad. Así, por ejemplo, el «tac-catac-tac» del tecleo en las máquinas de escribir. El «ron-ron» del ruido del motor y las turbinas, en «Los de Tercera». El «chequequeteque, chéquerequeteque» del güiro. Digo «invención» porque siempre existe la posibilidad de construir otro esquema fónico para lograr la onomatopeya. Es digno de nota que el poeta no sólo quiere inventar onomatopeyas, sino ritmos. Lo mismo sucede en Palés y en Nicolás Guillén.[32]

F. *Juegos de palabras*

Después de todo lo dicho se hace evidente que a Manrique Cabrera le gusta jugar con las palabras, no irresponsablemente, sino en sentido estético. Mencionaré sólo uno de sus recursos favoritos: la paronomasia. Así lo vemos, por ejemplo, en «allegros alegres» («Canciones rítmicas, V»), «curva cuna» («Canciones rítmicas, VII»). También: «*Llegas* después de muchos siglos de no haberte marchado / y me *llagas* el verso...» («Tú»).

G. *Renovación del léxico*

Aunque este tema ha sido tratado ya en lo anterior, quiero referirme aquí a la importación de palabras y términos procedentes del mundo de las ciencias y otras regiones de la actividad humana con miras a renovar la lengua poética y a construir nuevas imágenes.[33]

a) De la física. — «¡Cuántos caballos de fuerza / en este ritmo mío! » («Fardos de silencio»).

b) De la biología. — «Con sus mejillas saurias» («Yo fui»). «Los cafetales / encinta de calor...» («Voz anclada»). «Antes del coito del Fiat con la nada» («Flor de barrancos»).

c) De la fisiología. — «Con los bíceps rugiendo...» («Y ellos esperan»). «¡Ah! Pulmón...».

ch) De la psicología. — «Cristalizan mis versos epilépticos» («Yo fui»).

32. Manrique Cabrera hace uso también de onomatopeyas tradicionales, como «Cacarean las máquinas», en «Tac-catac-tac», el empleo que he dado en «Aullaré, aullaré» y el «chas chas» y «el glu glus» del agua, en «Voz anclada».

33. Procedimiento muy usado por ultraístas y creacionistas, pero que puede trazarse a Walt Whitman y a Rimbaud.

d) De la prehistoria. — «Ritmos paleolíticos» («Canciones rítmicas, III»).

e) Del derecho. — «Yo carretero del agua / prófuga de los barrancos» («Voz carretera»).

f) De las ciencias políticas. — En «Canción» nos habla de una gotita de agua «que se hizo ciudadana / del barranco y la arcilla».

g) De la economía.

«Un sindicato de cucubanos fuertes
fue nuestro sol.
Una federación de cucubanos débiles,
fue nuestra luna.»
(«Génesis de mi Poema».)

h) De la ingeniería.

«¿No ves que voy adoquinando
las múltiples veredas del alma ciudadana?»
(«Tarea».)

i) De la orfebrería. — «Negro que un blancor te enchapa...» («Canciones rítmicas, II»).

j) De la ebanistería. — «Es que estoy barnizado / por el sol...» («Canciones rítmicas, III»).

k) De la educación. — «Cursaré en mi cielo la carrera del alma del alba...» («Tarea»).

l) De la escultura. — «Mi cantar, ya de roca, / esculpido por las manos del agua...» («Flor de Barrancos»).

ll) De la música. — «Murmurar una cantata» («Romance de la nota perdida»).

Hay muchos ejemplos más que podrían darse de este enriquecimiento del léxico.

DECIR POÉTICO

Dentro de la poesía puertorriqueña. el Manrique Cabrera de *Poemas de mi tierra tierra* y el de composiciones como «Algo» y «Réquiem de Bienvenida a Pedro Salinas» se ubica en el ambiente general del neocriollismo, que floreció en los años treinta y primera mitad de la década del cuarenta. Ese neocriollismo es el fruto de las nuevas técnicas experimentalistas y de la nueva sensibilidad de los poetas de Vanguardia combinadas con ese renacer del amor a la tierra, a los contornos físicos y espirituales de la patria, cuya manifestación política fue el desarrollo y auge del movimiento nacionalista bajo el liderazgo del doctor Pedro Albizu Campos. Respondió también en parte a las preguntas radicales que se formulaban los miembros de la llamada Generación del Treinta: ¿qué somos?, ¿de dónde venimos?, ¿hacia dónde vamos? Correspondían a un renacer de la conciencia nacional. Libros como *Amor de Puerto Rico* (1937), de Juan Antonio Corretjer; *Cardo labriego* (1937), de Francisco Matos Paoli; *La vereda* (1937), de Francisco Hernández Vargas; *Yumbra* (1943), de Samuel Lugo, e *Isla para la angustia* (1943), de Luis Hernández Aquino, encarnan momentos cumbres del neocriollismo junto con *Poemas de mi tierra tierra*.

Cada poeta neocriollista, desde luego, re-crea a la Patria en su espíritu desde su perspectiva individual y de acuerdo con sus circunstancias existenciales. De ahí que cada visión sea original y ofrezca matices propios. En Manrique Cabrera impresiona la audacia de sus metáforas vanguardistas. El recurso de vincular elementos de la cultura con elementos de la Naturaleza lo conduce, por una vertiente, a que se vaya infiltrando en su crear, cada vez más vigorosamente, una conciencia de los problemas sociales, como ya lo vemos en «Génesis de mi poema». De paso, es justo señalar que la conciencia de las injusticias sociales se hace sentir también en neocriollistas cimeros como Juan Antonio Corretjer, Francisco Hernández Vargas, Francisco Matos Paoli y Luis Hernández Aquino.

Manrique Cabrera, al usar la imagen ultraísta, oscila entre dos polos, a saber: a) la metáfora fuertemente dispar, con gran tensión interior, como en «Un sindicato de cucubanos fuertes / fue nuestro sol» o «Sin maquillar las aguas que se exportan al mar, / sapiente sin embargo de perfumes inéditos...», y, b) la intrínsecamente armoniosa, con tendencia a la placidez, como «Esas muchachas jíbaras / cogidas de las faldas / *jugando Ambos a dos...*» Además, Manrique Cabrera *no* desdeña la imagen tradicional, pero le asigna un papel secundario y yo diría más bien débil. Por ejemplo:

«Luna, estrellas y sol,
ríos y palmas,
ha mamado mi verso
en los senos augustos
de la montaña.»

A pesar del fastuoso despliegue de imágenes en *Poemas de mi tierra tierra* y en *Rumbo en Flor*, es preciso reconocer que lo que predomina en el primero de los cuadernos mencionados es la visión de la Patria, concebida en la poesía. Nos sentimos ante un monumento sabiamente arquitecturado, ante una imagen total, placa o radiografía donde se reflejan en colores, formas y texturas las esencias de la patria captadas por la intuición del poeta.

Los nombres medulares, que denotan coordenadas estructurales de la visión —p. ej. palmas, río, lomas, montaña, batey, güiro—, además de cumplir su función evocativa, devienen símbolos de realidades fundamentales. Son imágenes simbólicas cargadas de proyecciones ónticas y morales. Infinitivos y verbos importantes, como «cantar», «reír», «pone», «nace, «me llegas», «hablaremos», «danzad», señalan movimientos direccionales de orientación en el mundo. Y también desempeñan papeles simbólicos en el diseño de un mapa dinámico —relieve espiritual en que se mueve el poeta—. Resulta finalmente que la imagen total de *Poemas de mi tierra tierra* es alegórica.

El poeta nos ha querido dar una lección de Patria. Hay un impulso moral detrás de todo esto, un deseo de construir al nuevo hombre puertorriqueño en el ejercicio de la libertad y en la vocación de la justicia. Detrás de los versos se avizora un ademán hostosiano. Late al fondo la conciencia de la misión educativa de la poesía. Lo que el Departamento de Instrucción Pública no hizo, darnos un abecedario de campos y figuras de nuestra ruralía, lo consiguió Manrique Cabrera con sus *Poemas de mi tierra tierra.*

En *Huella-Sombra y Cantar* Manrique Cabrera se ha salido —pero no permanentemente— del marco del neocriollismo y penetra en otros terrenos. Aquel libro es una antología, pero lo más significativo se encuentra en las secciones *Remo y Reto* y *Huellas.*

Ya he señalado que los poemas de *Remo y Reto,* que tienen antecedentes en «Canciones Rítmicas», y en «Los Piladores» y «Caña», de *Poemas de mi tierra tierra,* constituyen excelentes ejemplos de lo que podría llamarse poesía proletaria. Estos motivos fueron cultivados también, como ya he dicho, por algunos poetas criollistas. La poesía proletaria puede ser considerada en el contexto de una tendencia que he llamado, en otra parte, «poesía de inquietud social». Si los recursos estilísticos empleados en *Remo y Reto no* difieren en modo notable de los ya utilizados por Manrique Cabrera, en cambio éste abdica el tono lírico y contemplativo para dirigirse a los valores dramáticos. Poesía de denuncia y de protesta que más que un lector exige un espectador.

Huellas es un cuaderno extremadamente original dentro de la poesía puertorriqueña, por lo que resulta difícil ubicarlo. De pronto puede dar la impresión de obedecer a influencias surrealistas. Es imposible negar que haya habido tales influencias, en hombre de tan vastas lecturas como Francisco Manrique Cabrera. Sin embargo, creo que el poeta *no* adoptó el método surrealista de escritura. Siento que en *Huellas* obra una conciencia agudamente lúcida de la problemática interior del poeta, lo cual sería contrario al surrealismo. Mientras que en *Poemas de mi tierra tierra* hay ciertas afinidades con el intimismo neorromántico por la vía de la identificación con la Naturaleza, el disfrute de la sensación y el uso de imágenes de Vanguardia, ello *no* ocurre así en *Huellas.* Aquí me parece percibir tangencias con el expresionismo en la medida en que la materia inmediata para la transmutación creadora *no* son los sentimientos y las impresiones sino la meditación ahondante sobre cuestiones existenciales (en que, desde luego, sentires e impresiones están involucrados). La reflexión sobre la vida moral puede llevar, y, en efecto lleva, a una intensificación de sentimientos y sensaciones en el nivel de la expresión estética. Hay un empuje hacia lo que Jaspers llamó «situaciones-límites». Y esto sucede en *Huellas*.

Podemos comprobar otra tangencia con el expresionismo en el empeño de fundir una elocución extrañamente original e individual. Es lo que Manrique Cabrera ha llamado «búsqueda de una nueva sintaxis». Sin duda es posible atribuir a la metáfora y al símil en *Huellas* precursores en los conceptos y agudezas del Barroco. También hacer hincapié en sus vínculos genealógicos con Vanguardia y Ultra. Esas imágenes evolucionan desde *Poemas de mi tierra tierra* hacia formas más extremadas, pero no tienen como propósito la construcción simbólica de una imagen total. En *Huellas,* metáforas y símiles están sujetos al laboreo de la conciencia del poeta que escudriña como un faro los sublunares recodos donde se afincan las raíces de su ser. Esas imágenes no son resultados finales sino tentativas de acercamiento a los misterios de un *ens absconditus,* y, a la par, herramientas de exploración. Con otras palabras, Manrique Cabrera no quería llegar a ellas para adoquinar la brisa, sino pasar a través de ellas, como Alicia cruzando el espejo en el País de las Maravillas, hacia lo desconocido por conocerse. Desde hace tiempo el poeta anda en busca de saberes, pero en *Huellas* le atormenta una sed desesperada de autoconocimiento —la verdad de su ser individual— sin el que sería imposible la creación —plasmar *su* lengua poética.

El tremendo hervor de la imagen en *Huellas* —donde siempre se logra el efecto de intensidad— es otro indicio de expresionismo. De éste no se puede afirmar que constituya un movimiento dentro de la poesía puertorriqueña, pero sí existen libros que, desde el punto de vista de la dicción, presentan ciertas continuidades con *Huellas*. Pienso, por ejemplo, en *Antares mío* (1946), de Soledad Lloréns Torres; *Lámpara apagada* (1954), de Hugo Margenat; *Unas cuantas estrellas en mi cuarto* (1957), de Violeta López Suria, y *Canto de la locura* (1962), de Francisco Matos Paoli.

BREVE ANTOLOGÍA *

* En esta Breve Antología sólo he incluido un mínimo de poemas que considero representativos de la obra de Manrique Cabrera.

J. E. G.

ROMANCE MEÑIQUE

A traición daba la luna
golpes de plata a la selva.
Las estrellas se persiguen.
El arroyo se destrenza.

Sentada junto al silencio
en un rincón de su verja,
sus manos, marfil y nácar,
sobre sus rodillas piensan.
¿Qué les sucede y por qué,
a su suelta cabellera,
y a unos ojos que galopan
sobre la llanura inmensa?

Sus plantas besaron luego
el perfil de la montaña,
mientras que sobre las rocas
a traición la luna daba.
Por el ojo de una aguja
se escapa la madrugada,
y la naranja del cielo
cada vez está más agria.

Luego se supo un cantar
que quizás trajera el viento:
—mi padre quiso casarme
con el rico avaro invierno,
mas mis ojos eran llamas,
mis labios eran de fuego,
y una noche en que atrevido
se subió el frío a mi lecho,
me amamantó la montaña
amargamente en su seno.

La luna zabulle en el prado.
Hay una quietud patética.
Las estrellas se persiguen;
el arroyo se destrenza,
y a traición daba la luna
golpes de plata a la selva.

(De *Rumbo en Flor,* 1930-1933.)

VIENTO TIRADOR

(Romance Gallero)

Verdinegro al norte aislando
canagüeya claridad.
Careos de luna rubia
sobre los bucles del mar.

Viento, 3 y 10 resecas.
Plúmbeos rizos sin metal.
Echemos el viento al agua
que le lleva la picá,
y aunque le falte rocío
tiene intención criminal.
Aguzadle mi compadre
las espuelas a la mar.

Voy cinco a tres. Si me escuchan
doy cuatro gabelas más.
Dos luceros a una estrella,
siete lunas a cristal.

La valla juega sin tino
el papel de inmensidad.

Torrentes bajan de gritos
por el llano matinal,
y apuestas cruzan las rocas
contra los pechos del mar.
La riña lleva color
de carmesí sin final,
porque el coliblanco viento,
sin rocío ni piedad,
hunde sus espuelas blancas,
largas, curvas, sin cesar,
en los costados y entrañas
de la llanura del mar.

Careo venga careo
que la sangre viene y va.
Las aguas sangran espumas,
los vientos inmensidad.
Una que el agua no pica.
Dos que no puede picar.
La mar al ver las estrellas
recibe un tiro mortal,
y el viento aguza canciones
sobre la presa del mar.

Viva quien tuviere vida
si la encontrase al azar,
o no topase en su ruta
mi viento gallo faisán.

(De *Rumbo en Flor,* 1930-1933.)

RITMO ANTILLANO

El güiro rasca: chupa cachimba,
y la maraca: chequequeteque.
La bordonúa ronca el tun tún
que en la manigua hierve los vientres.
El ritmo es negro,
la Antilla verde,
chupa cachimba
chequequeteque.
Nacida a bordo de las malangas
la noche estira su lenta paz,
y en los verdores semiserenos
el gongo amplía su macandá.
La luna llega látigo y plata
y es mamalúa.
Papá Magambo se fue a su estrella
y Macatamba se fue con él.
Y bailan Plenas,
y bailan Rumbas,
y bailan bien.
El güiro rasca: chupa cachimba
y la maraca: chequequeteque.
La bordonúa ronca el tun tún

que en la manigua hierve los vientres.
El ritmo es negro,
la Antilla verde,
chupa cachimba
chéquerequeteque.

(«Canciones Rítmicas, IX», de *Rumbo en Flor.*)

VUELTA

Grutas que el sol abrió
sobre la sierra
para sembrar mi voz
junto a las peñas.
Último montaraz. Vengo otra vez
con nuestras viejas voces
a refrescar nuestras palabras secas.
Porque nací del río, de la tierra,
tan vecino del monte,
que mi voz será la postrera en decir:
compadre sol,
compadre luna,
cuñado viento.
Mi voz jíbara terca
que no acabará nunca
en las palabras que otros creyeron muertas.
Vendré otra vez
con aquel grito añejo
enchapado de lomas y malangas.
La manigua alzará
todos mis ritmos cabreros,
y ellos, de loma en verso,

con cabreras canciones,
salvarán las exóticas cuencas
hasta dar en el blanco
de aquel fervor moreno
de mi pueblo.
Preparaos gallitos de mis barrios.
Aguzad con el sol vuestras espuelas,
y asesinad con voces canagüeyas
toda estridencia
ajena a la montaña y a la tierra.
Arrastra güiro tu chequequeteque.
Tiple amplía tu chiquilingón.
Y tú, bordonúa, con tu bajo vientre,
amamanta el seis
amamanta el son.

¡Ritmo aromado del mejor café:
musculoso canto de caña de azúcar
y miel de tabaco!

(«Canciones Rítmicas, X», de *Rumbo en Flor*.)

MI VERSO

Donde mi verso pone el puño
nacen montañas
con sus ríos y pájaros;
cantan quebradas,
con sus piedras y charcos;
cielo y sol se aproximan
vegetalizando
hasta el sueño profundo
de los arados.

Cuando mi verso avanza
voz a caballo,
el paisaje se duele
de ser tan claro.

Si mi verso en el baile
mata el quinqué
—*¡ay lo lé!*—
mueren todos los gritos,
no hay para quién.

Cuando mi verso salte
ventana afuera
pensará la montaña:
se ha hundido por el aire mi tierra tierra.

(De *Poemas de mi tierra tierra,* 1936.)

CANCIÓN

Otra vez, con la canción adulta,
nube, pájaro o trino,
he llegado a mis lomas y palmas
todo río.
Balbuceo una lluvia de crepúsculos
porque soy horizontes.
Nada conozco
sino las huellas
que sobre mí olvidaron los caminos.
Mi planta sabe lomas:
esas muchachas jíbaras
cogidas de las faldas
jugando *Ambos a dos...*
Mis manos, callosas de coquí,
no saben otra ruta
que la que el *Seis Chorreao*
les trazó sobre el güiro.
Por ella marcho con mi acento arcaico,
puertorriqueño, amargo, polijíbaro,
para aprenderle el canto
a una gotita de agua,
que nacida en la entraña de mis lomas,

se pensaba en la tierra,
se soñaba de tierra,
tan de tierra, que se hizo ciudadana
del barranco y la arcilla.
Pobrecita gotita de agua
tan de tierra de noche y de día.
Ella me enseñará a cantar
porque ignora que al besarla de sol
la pretendo lucero,
y no sabe el chas chas ni el glu glu del arroyo.
Es la gota doncella de los silencios jíbaros.

Yo, yo cantaré.
¿Yo? Yo que eres tú, la montaña,
el río, la tierra, la palma,
y mis lomas: esas muchachas jíbaras
tan alegres y tristes
cogidas de las faldas
jugando *Ambos a dos*...

(De *Poemas de mi tierra tierra,* 1936.)

TÚ

Tú, remota onda viajera,
me llegas sin espumas por el viento,
pero llegas
repleta de «quién sabes»
y me aprietas recuerdos.
Eres sólo morada de tu sombra,
eco jugoso y seco a mi poema
como el canto del güiro.

Quien te vio no te recuerda
por temor de herir tu sombra.

Llegas después de muchos siglos de no haberte marchado
y me llagas el verso,
verso de acento arcaico,
polijíbaro, amargo.
Llegas florecida de rutas epilépticas,
y has aprendido cuestas
que dan sólo al coquí,
o al pitirre que olvida
deletrear la senda de su monotonía
cuando lo invita el sol.

Vienes hecha a veredas,
y pones mis machetes a cantar
el desyerbo de los tallos de tu sombra,
y pones mis azadas a cavar
la vecindad de un fruto: ¡tú madura!;
y pones mis recuerdos a bailar
la canción de mi güiro,
y ya soy mucho menos que yo
pero soy el que canta, canta, canta.
¿No oyes mis pies fangosos con sabor a montaña?
Ellos son los que dicen
lo siempre intraductible para ti.
Escucha:
cuando llegas
siempre llagas mi verso,
pero llegas después de muchos siglos de no haberte marchado.
Y entonces yo me apresto a llover palmas,
y a fabricar quebradas, de esas
abuelas de los ríos,
y a ensanchar horizontes,
pues mis lomas me sirven a dietas muy breves
las anchuras del cielo.
Todo, porque lo puedo.
Para ti a las palmas soy raíces y suelo,
montaña a las quebradas,
y arquitecto a las lomas.
¿Oyes?
Llegas después de muchos siglos de no haberte marchado
y tan sólo eres la sombra de tu sombra,
y aún haces cantar mis machetes,
mis azadas cavar la esperanza,
y mi güiro rascar con fruición
su canción

cuando llagas mi verso,
tú, onda remota.

¿Tú?
Tú eres ella, aquélla.
¿Te sabes?
Quien te vio no te recuerda
por temor de herir tu sombra.

(De *Poemas de mi tierra tierra.*)

BATEY

Cuando la voz batey se encarama en mis labios
una lluvia de claridades amanece mi espíritu.
Las lomas se me ofrecen transparentes
como gotas de nada.
Borro horizontes de ayeres y mañanas
para ser cielo y tierra puros,
de siglos, vecinos, sin jamás encontrarse.
Por esa voz llegan telefonemas del pasado,
los gritos del presente,
los sueños del mañana (en la montaña).

Suena el Batey.
¿Quién habla?
Aquí Cabrera la voz jíbara terca,
alma de la montaña.
¡Los Areitos! Venid.
Hablaremos en güiro,
lengua nuestra común desde hace siglos.
Venid os digo, danzad sobre las cinco letras del batey.
Cantaremos en güiro.
La piel de nuestro canto
tendrá callos de lentitud y melodías dulces,

y será roja caliente
como el amanecer en la flor del flamboyán.
¡Ah nuestra canción y danza en güiro,
lengua nuestra común,
instrumento perpetuo del alma de las lomas!

Suena el batey.
¿Quién es?
Aquí Cabrera, el brío montaraz
de nuestra tierra tierra.
¡Mi niñez!
Ven a caballo de este mismo instante.
Llamaremos a todos los vecinos niños:
Cielo, Luna y Estrella,
Monte, Pájaro y Río,
para cantar andando
sobre las cinco letras del batey.
Nuestra canción:
Doña Ana no está aquí
que está en su vergel,
cuidando la rosa
y abriendo el clavel.

Suena el batey.
¿Quién es?
Aquí Cabrera el grito huracanado
de musculosa alma
que conoce los ríos y quebradas.
¡Mi vejez!
Ven pero sin perder mi canción de juguetes,
aquellos en tus zapatos olvidaron,
los Reyes de las cuestas,
los Reyes de los charcos,
y los del *Seis Chorreao.*

Entonces, en racimos, colgando de nuestro «había una vez»,
rodaremos mis cuentos como cuentas
por todas las edades de nuestra tierra tierra
sobre las cinco letras del batey.

Ciudad, olvidaste el batey,
te morirás sin él.
¿Te morirás?
No, tómalo, en mi cantar fangoso en flor.
Te traigo todos los bateyes,
fresquecitos los llevo yo...
El batey de la voz de la luna,
el batey del cantar del barranco,
el batey del recio poema del sol,
y el del *Seis chorreao.*
Venid ciudadanos a la plaza pública
de mi tierra tierra
y ayudadme a decir con amor tembloroso,
con hondura del alma,
con frenesí y locura: ¡BATEY!
Veréis una lluvia de claridades
que amanece en mi espíritu,
conoceréis descalza la voz de la montaña,
y sentiréis la tierra tierra.
Todos: ¡BATEY! ¡BATEY!
y a m a n e c e r é i s ...

(De *Poemas de mi tierra tierra.*)

GÜIRO

Si os dijeren güiro
quitaos las sandalias del alma,
que pisáis tierra santa.
Canal seco y jugoso
por donde llega un chorro de sangre india
a mi poema.
Asta antigua y solemne
del cantar de la sierra.
Tenéis arpas y liras
pero os dormís de melodías exóticas.
Sólo cuando yo llego con mi güiro
y abro las alas de su chequequeteque chéquerequeteque,
abrís los ojos hambrientos de verdad,
y sentís un cosquilleo inmenso
subir por las paredes de vuestra alma,
y vuestros pies arrancan temblorosos,
como potritos jóvenes
y escucháis un rumor de cosas frescas
besar vuestras entrañas,
y sentís la comezón de cantar.
¡Ah! Entonces mi güiro y yo
reímos la mañana

y os perdonamos.
Reímos nuestra risa amarilla
como el pan de la flor de la majagua;
nuestra risa ancha
como un proyecto de hojas de yagrumo;
nuestra risa antigua
como el perfume del Areito
y el hogar de la yautía;
nuestra risa clara,
como el chas chas de la quebrada;
nuestra risa joven, descalza, jíbara,
olorosa a montaña.
Reímos con nuestros ojos frescos,
hambrientos de remotos horizontes.
Reímos como trinos
nuestra risa melancólica y triste,
hospitalaria a tu alegría.
Reímos, reímos,
mi güícharo y yo,
auténticos jíbaros amigos.
Reímos nuestro chequequeteque, chéquerequeteque,
y tú te sientes reverberar
de montaña y cantar.

A mí arpitas y liras...
Yo tengo mi güiro.
Si os dijeren güiro
quitaos las sandalias del alma
que pisáis tierra santa.

(De *Poemas de mi tierra tierra*)

VOZ ANCLADA

Mi voz estaba anclada
junto a ese manso pastar de la arboleda,
cuando los cafetales,
encinta de calor,
anunciaban nevadas a los cielos,
y a mi canción.

Blandura blanda
aquella de la luna nuestra,
jibarita vestida de china madura
con unos gajiletes de luces harapientas
próximas a estallar en rocío.

¡Oh, la blandura blanda
de ésta mi tierra luna!
Mi voz seguía anclada
junto a ese manso pastar de la arboleda
abrevando unas gotas de silencio
sobre el chas chas del agua de mis almas,
cuando sentí
agrietarse las crestas de todas las montañas

que llevo en el espíritu
para reír la copla a la mañana.

La quebrada quiso decir glus glus
—penas profundas—
para todas las mejillas de las piedras.
Los pájaros se hicieron solidarios
de la canción del alba,
y yo tuve hambre de decir:
¡ay lo le lo lé,
ay lo le lo lá!

Quebrada:
lágrima a tierra de mi eterna montaña.
Copla:
lágrima al aire larga de los montes.
Mi voz, ¡aylolelolera!,
por los siglos anclada
junto a ese amargo pastar de la arboleda.

(De *Poemas de mi tierra tierra*)

LOS PILADORES

Los Piladores pilan
pan pon
pun pon
pon pon.
Y las recias manos
callosas de dolor y tierra,
atadas a tan finas cinturas de macetas,
llueven sobre la tosca
copona de madera,
bautizada pilón,
sus rítmicos
pon pons.

Al conjuro pompónico los granos
tienden sus finas manos
—¡qué bellas son las manos
que nunca habréis de ver!—
en súbitos adioses
a sus cortezas madres.
Sangre de pajas corre;
lágrimas secas nacen,
bajo el brutal

pan pon
pun pon
pon pon.

Ved las cuestas del aire
de brisa adoquinadas
llevando cabizbaja
la pomponeada mezcla.

Las pajas, soñando ser reinitas,
—visiones de niñez—
van cabalgando brisas
de lomera esbeltez.

Y otros adioses súbitos.
Y otras lágrimas secas.
Y otro sangrar de pajas.
Y un coronar las yerbas.

¡Ah!, ya la brisa se cansa.
Jadea. Desfallece.
Y entonces,
como garrocha,
como cuchillo o foete,
la sudorosa boca del pilador
esgrime
su silbo
juiií juiií juiií juiií
penetrante y lejano,
precursando
el *San Lorenzo*
amarra el perro
y suelta el viento
remotísimo
y jíbaro.

Así pon pon y silbo,
silbo, canto y pon pon,
el cuerpo de los granos
va a vestirse de sol.

¡Pobres los padres brazos
del rítmico pon pon!
¡Triste la boca madre
del silbo cantaor!

Hambres petrificadas,
cadenas y dolor,
se han grabado en la piel
verde mate y obrera
del eco y la canción.

Otra vez para siempre
        pan pon
        pun pon
        pon pon
brutal a sombra y sol,
Juan Bautista del silbo
juiií juiií juiií juiiiií
remoto y cantaor.
Luego...
San Lorenzo
amarra el perro
y suelta el viento...
que otro perro más perro
de gigantes colmillos
me ha mordido el sudor
cuando los granos iban
a vestirse de sol.

(De *Poemas de mi tierra tierra*)

CAÑA

Planta que al sol anuncias
ramilletes de verdes,
largos,
como machetes pardos,
sonrientes,
que nunca sacian
de morder tu dulzor.

A veces
—cuando débil—
te yergues firme
desafiando alturas
y quintales de aire,
con machetudas hojas avangadas.
Otras, con hartazgo de dulces,
prefieres ir atropellando sombras
vergonzosa de exhibir a los aires
cálidos de mis trópicos
tus formas ya demasiado densas,
propias de laxitud.

Tus raíces saben el yacimiento
de la dulzura íntima

de ésta mi tierra tierra
que tanto empapa de cantar mi sangre.

Tus raíces, artistas de lo dulce,
obreras sin relevo por los siglos,
conocen toda la amargura
que a mi tierra le cuesta tu dulzor.

Ellas van escrupulosamente
escuchando el consejo de las rocas,
las aguas y los barros,
que todos, con los labios de mi tierra tierra,
enuncian dulzor puro
y melodías melosas
que se llevan los mares a otras tierras.

Tus hojas, con sus labios de verdes numerosos,
están siempre dispuestas
al apretón constante,
caluroso y solemne
de la boca del sol.

¡Caña, planta que al aire anuncias
ramilletes de verdes,
largos,
como machetes pardos,
sonrientes,
que nunca sacian de morder tus tallos!

Tú sabes lo que te canta el negro
empapado en martirios y pelusas,
cuando deja gotear pesadamente
la monotonía sensual de su
caña tumbá

pára hacendao;
caña pará
tumba hacendao.

Conoces lo que le dice el jíbaro a tus troncos
con sus dolientes *¡Ay lo le lo le lo lá!*
que rezuma hambre, pena y miseria,
atadas por los siglos a tus tallos.
¡Ah, cantares sangrantes
que sudan dolor de esclavitud
y ansias de libertad en la planicie!
Sudores que se llevan con tu dulzor
los mares a otras tierras.

Caña, Caña, Caña,
planta dulce y amarga.
Escucha:
yo mismo no soy sino un nudillo tuyo
tronchado al sol
por el machete agrio de unas penas
y de la explotación.

¡Caña, planta que al aire anuncias
ramilletes de dulces
que a la tierra le hurtas,
y a mi tierra devuelves
ramilletes de amargos!

(De *Poemas de mi tierra tierra*)

LOS DE TERCERA

Hacinados junto a un calor sin alma
en los más bajos fondos del navío,
los de tercera somos
un puñado de «cosas».

La Indiferencia aprieta su rigor
en los ojos de las clases primas
que nos miran pasar
con un desdén hierático,
como a rebaño
de animales domésticos,
aptos para el sudor,
para el hollín,
para noches sin treguas.

Arriba pisotean nuestros sueños
¡al son de nuestros ritmos!
De esos ritmos que cuaja nuestra sangre
mientras la caña empapa
de dulzura los dientes del machete,
y el sol zabulle en nuestra piel
haciéndonos hermanos de la noche.

¡Crueldad sin contornos
pisotear nuestros sueños
al propio son de nuestras quejas!

Pero hay más.
Una noche inmemorial bajaron
hasta nuestros inmundos camarotes
y al oír nuestro sueño de roca
quisieron clausurar nuestra alma
y encerrar nuestro espíritu,
con letreros negadores de carne y sentidos.
Escribieron:
estos ojos son incapaces de digerir colores;
estos oídos son ciegos a las melodías altas;
estos labios son estériles para la ternura del beso;
estos cuerpos son sordos al ritmo;
estas almas no vibran al verso;
y tan sólo son aptos
para el sudor,
para el hollín,
para noches sin treguas.
Todo, en la más honda fosa
de un sueño oceánico de roca
que ya ha naufragado.

Sin embargo no vieron
que nuestras duras y estrechas literas
se hospedan
junto al mismo nivel que las aguas
florecen espumas
al fecundo contacto del labio del barco a galope.
Por eso nuestras almas
son blancas,
como esa primavera

que los buques en marcha
van sembrando y hundiendo
en los llanos azules del mar.

También olvidaron que vivimos
cerca de ese ron-ron de gato viejo,
con que el motor y las turbinas
maltratan y alimentan nuestros sueños.
Ron-ron: he aquí nuestra pauta
fuerte, sorda, segura y tronadora.

Aquí vamos creando con dolor
nuestra palabra,
dura,
como nuestras almohadas,
desprovista de afeites,
desnuda de adjetivos;
apretada,
como esos barrotes de hierro macizo
que circundan las noches
de nuestras cabeceras.

Así diremos: ron-ron
puño, hierro y hombre
de una manera nueva,
sin borlas ni bonetes,
y como nuestras almas
sustantivamente.
Temblarán las entecas palabras burguesas
y en sus amplias cabinas
se morirán de asfixia.
Se morirán,
al escuchar el musculoso desperezarse
de nuestros vocablos.

Sí,
aquí,
en los más bajos fondos del navío,
hacinados junto a un calor sin alma,
los de tercera somos
un manojo de futuridades
que las clases primas
miran pasar con un desdén hierático,
pisoteador de nuestros sueños
¡al son de nuestros ritmos!
¡Ah! pero a pocas millas de sus foxs,
y menos de danzón y tango,
la tercera alumbrará la clase única,
con su puño de hierro proletario.

Así camaradas,
hacinados.

(De *Remo y Reto,* 1937-1938)

Y ELLOS ESPERAN

A la sombra del agua,
bajo un ritmo de sol,
y foetazos de viento,
ellos esperan apretadamente

En sus ojos
mil nubes parduzcas,
que han llovido,
que llueven,
que barruntan,
aguaceros amargos de angustias.
Y ellos esperan apretadamente.

Ved las caras,
rubias,
verde mates,
blanco-espumas,
mulatas,
o viudas,
enhebradas con el hilo tan mohoso del dolor.

¿Caras? No, laderas

que han palpado
las más tibias,
las más súbitas y crudas
cataratas.

Pies aquellos
por los siglos
cara a cara con los barros,
con el fango,
y con las piedras,
en cuyas duras aulas
se han graduado
del llanto cristal de los arroyos,
de la ternura sucia del pantano,
y de la intemperie recia de las rocas.

Pies que un día
volcarán cuerpo social arriba
un idioma investido de piedra.
Y ellos esperan apretadamente.

Cuerpos por hedor y harapos
cobijados,
que han visto hurtar su sangre,
y marchar trozos de sus entrañas,
ahora se ven morir así apretadamente
a plazos tan incómodos.

Interminable fila que se pierde
por todas las aceras y dolores
de todos los países.
Cola plurifurcada
cuyo final inútilmente acecho
por los camastros paupérrimos e inmundos,

y por mendrugos de los barrios bajos,
donde Miss Higiene al uso
—burguesa niña bien—
jamás ha penetrado.

Cola que se agazapa al infinito
por la piel de los negros,
socialmente amordazada,
tan sólo
porque el sol
—amo del trópico—
grabó en su alma
todas las señas digitales
de la más vertical de sus miradas.

Final sin fin de fila
que se ahuyenta
embarazosamente
por la ambarina palidez
del jíbaro
pluscuamargo,
donde sació sus garras la miseria,
y estampó su suite verde-lomera
nuestra tierra.

Todos,
a la sombra del agua,
bajo un ritmo de sol,
y foetazos de viento,
allí esperan apretadamente
enhebrados con el hilo tan mohoso del dolor.

Pero un día
de cercanas y archiverdes auroras,

sabroso a sangre fuerte,
volcarán su maduro apretón
contra los viejos aires.
Se hará añicos el canto de las viejas alondras
y una risotada de cristal percalino
triturará a sangre y fuerza
el merengue de las risas antiguas.
Entonces un sol de rojo denso
violará las lomas del levante,
y una canción triunfal verá la luz
por los dientes de los arroyuelos.

Y esto sueñan
a la sombra del agua,
bajo un ritmo de sol,
con los bíceps rugiendo,
los que esperan apretadamente
enhebrados con el hilo
tan mohoso del dolor.

(De *Remo y Reto*)

SUEÑO DE SIMA A CIMA

Y fue como un rebaño de yerbas florecidas
pastando por el cielo baldío de mis sueños
para que yo dijera: ¡Primavera!

Huellas de luces rotas
formaban caravana viento atrás,
y un grito hecho añicos
de capitán,
queriendo graduarme de crepúsculos
¡sin darme el ABC de amaneceres!

Noches crucificadas con estrellas y lunas
por nudos de garganta.
¡Inocentes de luz noches sin alas!

Me hospedé en los más bajos y vacíos fondos
—húmedos sótanos— de la carcajada.
Sólo allí estaba la dura soledad conmigo
acompañando muecas, voces, gestos, palabras.
Todos juntos ¡todos, tan torpemente solos!
Unos pájaros negros de voces casi cuervas incesantes.
La paz de la blancura aún sin reciennacer.

No, ni la biografía de la última estrella,
ni el algodonal donde la araña corta
la materia de sus telares frágiles.
Tampoco el vientre que abortó la sombra.
Menos, la aurora abuela que aun le perdona luz
a sus biznietos días.

¡Qué absurdo el traducir desde aquel allá abajo
las miradas del sol y los brazos del viento!
Y pensar que vivían luceros autónomos
en la entraña de la abuelastra noche.
Y soñar que una vez yo cunara la luz orificada
en las minas del color del maíz.
Pero la tierra es dura como el pan de los pobres
y el color de la flor es viajero fugaz.

Este andar por la tierra del nadie de uno mismo
es remar contra remo, corriente, y barquilluela.
«Anclad» —ésa, la voz fatal a ese camino.

No preguntes el rito que bautizó las aguas.
No busques el maestro que diole al ruiseñor
las primeras lecciones de sus trinos.
¿Dónde el lecho de aquellos ríos
que al sol no han dicho —«buenos días»—?
¿Dónde las voces que su propio pudor
estranguló nonnatas?
Del verde de las hojas del árbol
me quedó entre las manos del recuerdo
migajas de negror ¡retama de esperanzas!
Vi puertas, todas bajo siete llaves,
encarcelando el aire que predicaba vida.
Inútil, tremendamente inútil, la vereda hacia arriba.

La tierra era dos polos, fríos
como mis dedos muertos,
como adioses ¿amigos?
El ecuador se había ido de viaje permanente
con sus maletas de luz y claridades,
con su baúl de verdes innúmeros,
¡con la fiesta del Sol sobre la tierra!
Fue la niñez absorta
del caos pluscuamprimero.
Y de repente, una hormiga de luz sobre mis ojos
multiplicándose en canciones nuevas estalló
en arcoiris.
Una hormiga más grande que la palabra FIAT.
¡Cuán cansado se me acercaba el aire
con sus hombros colmados de maduros cantos!
¡Oh color a hospedarse en mis ojos por los años
del siempre!

¡Qué revoloteo trotamundos por todo el continente
de mis almas!
Florecieron los mares sin cuento trasatlánticos,
que al mar hacían cosquillas
y él reía espumas
sanas, breves y atléticas.
Barcos descargando poemas, y cargando colores,
sin puertos de destino, hacia arriba,
que todo era uno mismo.
Los vientres de los árboles dieron curso a las flores
y franquicia a las frutas.

Tropeles de horizontes pregonando en voz gris
auroras rojas.

¡Qué llover de sonrisas sobre la piel del alba!

Yo, millonario de luz,
representante único del producto alegrías,
¡déficit de crepúsculos!
En fin, fue así como manadas de yerbas florecidas
pastando por el cielo baldío de mis sueños
para que yo dijera: ¡Primavera a traición del Invierno!

(De *Huellas*, 1940-1943)

HUELLAS

(*Presentes*)

Enjambre de sueños sordomudos en trajes hechos por la firma
que vistió de color alas de mariposas.
¡Carnes de sol repicando promesas luminarias!
Se acoplan a la voz de mis pisadas
breves y numerosas huellas del hoy
poblado de palabras.
Despertando apenas si al dormirse
en prosaico desperezarse a tumbos
¡enlutando alboradas!
Son como hincadas huellas
sobre el lomo de este ahora raquítico
que está siempre llegando
para decir adiós o hasta mañana.
Se atropellan veloces en racimos
como estrellas lejanas.
Se disputan el estampar sus plantas sobre la carne frágil
de mi decir-sentir que aun gatea en el eco
de voces que no he dicho y que me asaltan.
Huellas del hoy buceando la célula primaria
en el allí

de aquel cualquier rincón
entre mi voz, gesto o miradas.
Para aferrarse así
tremendamente eternas
como el canto del pájaro al aire de la rama.
¡Para negociar vida contra la luz del día!
Me empujan o me aturden
porque a ellas amarrado me soy
en carne de mi carne y de mi espíritu.

Digo que hay golondrinas que se quedan frías
de vuelo, luz y pico
cuando van a anidar
bajo el gemir-cantar
del infinito.

Entregarse como la falda de los montes
a la voz hecha grito
para abortar el eco: feto de voz rodante
a exterminarse
por la succión de los bebés del aire.
Esperar que los pasos lleguen a mis pies
callosos de buscar el hacia arriba
donde reside la embustera calma.
¡Quemarse
siendo fuego, materia combustible
y ojos espectadores que lo aplauden!

Ah, colores —¡quién dijera!— peleándose enemigos
en praderas del mar
o en marullos perfectos
de mi cañaveral,
buscan la paz de su asamblea en blanco.
Mas siempre un grito policial: «a moverse, hacia
adelante».

Yo quiero encender los cucubanos y apagar los faroles.
Quisiera cerrar una ventana,
y abriendo estoy millones de crepúsculos.
Cuando salgo a cazar matices de las hojas
regresan las manos de mis ojos repletas de vacío.
Levanto vuelo hacia hospedarme en cumbres
—nubes, cielos y estrellas no nacidas—
para encontrarme a pie, alpinista sin espacio ni nombre,
en los más turbios fondos, barriadas
miserables, del que piensa hacia abajo.
Me encaramo en los oídos-ojos-voces de Beethoven
para auscultar primogénitas primaveras
estallar sobre el latir del mundo,
y escasamente logro palpar-oír
paisajes de gusanos helados
por un tiempo al rojo vivo,
deglutiendo cara-cuerpos de cosas y personas
que están rumbo al seré.

Voy lento caminando sobre mi tierra tierra
y de súbito tropiezo la más remota
y virginal estrella.
Salgo en velocidades que la luz no ha explorado
para servir de lazarillo a ésta
por museos inéditos
que las alforjas-sombras de los mundos guardan,
para estarme tan quieto
que una infernal tortuga
me burla con su adiós o hasta mañana.

Estudio penas-lágrimas
y aprendo la idiotez de las sonrisas.
Oteo las fronteras
donde el músculo sueña ser de hierro,

y veo hoteles de primera
aderezando ajuares putrefactos.
Renuncio a cátedras de sol
y explico la morimuerta luz de los estanques.

La agonía y la flor visten la misma moda.
Igualan las alas de las piedras a pies de la paloma.
Que todo es uno, germen primario y mismo.
Huellas del hoy presente, dormid que es despertar.

(De *Huellas*)

SUEÑO DE SIMA-AURORA

El nubarrón presagio mullendo hondas negruras
que machetes serían al degollar estrellas.
Herir-cortar las siempre venas frías
de luz, que a bondad luna, incitan
cóncavos rezos graves galopando esqueletos
que en su crujir-andar sueños siglos creyeron.

Hay tumbos que alimentan destierro.

Sólo negra es el agua desde la planta al río.
Viajar-migrar a tierras del insomnio
planeando en alas nubes de colores sepulcros.
¡Ser planta retorcida en carne-tarde-ocaso!
Puertos de sombra esperan
velámenes cadáveres.

Yo estuve viendo ventanas vuelos albas,
y caracoles lirios limando melodías.
Galopes de mi sangre espoleáronme salvas.
Sentí el reto de torres que agujeran el cielo.
De arcoiris emplumé mi infinito,
y tan pequeño el aire se tornó ante mi salto

que le cogí en mis brazos
y le di de beber remotos ríos de espacio.
La mar lloraba espumas
y tuve pena de ella
al verla tan pequeña
enjugándose vientos
contra la tierra dura.
¡Pobre sal de la mar,
azúcares tendrás
de voz salada amarga!

¡Ah, el sol! grito de bola blanca
azuzándome nubes con que limpiar poemas.
Verde-azul del mar-tierra
andaba a gatas hacia mi sombra sol.
Y así, máscara de átomo,
alzaba ante mi verso brío
todo rumor de fuerza
que ropa de aire vista,
o niebla de rocío.

Torrencial tierra sombra
con dientes de podrir ríes a otros
macabra paz quietud.
Sietemesina estabas junto a mi voz delirio
y herido de esperanza
mi verso, te tremoló bandera.
Para que no te ahogaras
—¡tierra tan chica y mía!—
yo te enseñé a nadar.

A ti volverme-he
cuando el tallo rocío se resista a la flor,
cuando el trueno-relámpago

no se doble en canción,
cuando la brisa al frío
se amarre para siempre,
cuando se ahogue entre sus aguas-pájaros
la campana del río.

¡Oh fuego que te alzo!
Mi palabra encendida con que te di calor.
Hacia arriba devoras camino de mi voz.
Hermano mío legítimo
te crié entre mis dedos,
te conozco entre el sol.

Yo sé tus sueños-oro,
tu dormir escondido,
tu anhelo-paso-dios.
Tus lágrimas-cenizas
de yerto gimen alas.
Tu escondite-carbón
en tu ausencia hoy viste
sombra-luto-dolor.
¿Te conozco o no, dime
pequeño hermano fuego?

Yo sé-sabría más
¡si supiera decir...!
Pero...

Reinciden cicatrices con voz tambor de ensueño.
Albas de paso fino rezongan como ausencias,
y el alma de un aullido busca sepulcro cierto.
¡Morder frutos de luz a la sombra que he sido!

El fantasma de un ay me ronda pordiosero.
Acuchíllanme sueños las garras de un quejido.
¿Quién va? ¿Quién se alarga o se ausenta?
Flor-tallo de mi angustia, dime siempre: ¡Presente!

(De *Huellas*)

RÉQUIEM DE BIENVENIDA
A
PEDRO SALINAS

A Soledad Salinas

La Voz a ti Debida
no se deba
porque falte otra voz
que te la adeuda.

Desde mi tierra tierra a bienvenirte vengo
como de antiguos surcos a semillas.

Cazador de furtivos aleteos,
colector de levísimos atisbos,
portador de matices natimuertos
colmenabas los guiños y los mimos.
En tus alforjas las vísperas frutales
y el resol de fructíferos presagios.
Leve hurtador de tenuidad en vilo,
corcel sobre la espuma y por los sueños.
Prendedor de lo en ciernes para huirse
¡oh agostador del lírico embeleso!

Hacia el hogar que tienes,
que tu querer te trajo con su magia,
tu Contemplado y mío noche a noche
trepa con pies de espuma
hacia lavarte los pies de tu mirada.
Para que día a día, sin voz, y a puro verte
le expliques sus fantasmas,
sus milagros de azules y de luces,
su escultórica prisa,
su batir que te aplaude,
su ondear sin bandera,
su siempre constelarse,
su amasijo de náyades y silbos.

* * *

Sabes que esta guitarra te me acerca.
En mí mismo te veo ensimismado.
¡Pura contemplación del Contemplado!
Esta guitarra ¿entiendes? por antigua.
Porque estuvo en la arena y en los montes
guitarra de entre yerbas, a rocío
y a tropeles de luz,
volcán de sueños.
Del tronco madre legítimo racimo
biznieta borincana.
Tú entiendes que esté herida, esté abrazándote.
Tú le entiendes un nudo en la garganta.
Esta guitarra, el único camino,
el único fiel puente que me queda
hacia la clara voz de ese silencio
de tu postrer volver grande en lo grande.
Tú ves que están de zarzas los caminos
zarpándome la voz y las palabras.

Pero entiendo que entiendes
que hay corazón cantando entre los muros,
y hay un canto lamento que se eleva.

Tú ya lo entiendes todo:
una apenas guitarra, sumergida,
de heridas y puñales
remordida.

* * *

Así como vaivenes y pinares,
de ti quedó la Isla apalabrada.
Tu fingido marcharte, dura broma,
te esperó, te esperara.
Así lluvias y estrellas le guardaron
travesuras de luz a tu llegada.
Así errantes palmeras playa a playa
estancaron la voz de sus melenas.
Quieta quedó la loma,
la calle,
la arboleda.
Quieto incluso el coquí, con su chasquido en plata,
la Isla toda quieta, ¡estaba apalabrada!

¿Pero el mar? ¿Quién ha dicho la mar?
¡Cómo anduvo vistiéndose
hermosuras por trajes!
Las olas, las de entonces,
¡cómo han encanecido
sin vejez a esperares!
Sin embargo, te digo,
te esperó, te esperara.
¡Contemplando, apalabrada!

Con tu postrer volver,
la poesía está hallada.

* * *

Este postrer volver fue tu poema
tu lírico volver de enamorado,
volver que a tu garganta no se anuda
por ser grito de entrañas subextrañas.
Fue amor desesperanza hecho milagro,
poeta de tu muerto y de tu muerte,
que tu cuerpo espoleas a metáfora.
Metáfora ya ardida en sangres vivas
gozosa por las calles claridades
de mi viejo San Juan transfigurado.
Metáfora alelada en los azules
de aurora abanderada.
Agostadora imagen de los blancos,
duermevela de abril tornasolado.
Hacia este arborecer cumplida dríada.

Ese postrer volver fue tu Poema.
Ese ahijarte a mi tierra,
Isla madre escondida que reclamas
con carne que no es carne sino verso,
atisbo, brisa,
polen de eternidad sin límites ni ocasos.
Ese fundirte puro. Ese quedarte
a pie sobre un cantar de soledad vencida.
Ese enraizarte más allá de los árboles y el fruto,
ese enterrar en luz puertorriqueña
tu destierro de pólvoras ajenas.
Ese nuevo nacer…

estarte..., serte, a lo nuestro,
el puro contemplar tu Contemplado.

* * *

Tu muerte hacia lo afuera, fue ese mismo morirse
que silencia los ojos,
de estancarse la voz,
que entorpece los pies, las alas y los vuelos,
ese papel secante de lágrimas y risas.
Fue lo yerto esculpido,
fue sangre endurecida,
ancla que enmohecida
siente ademán de verso por cadena.
Hacia adentro, nada sino el estar: divino polen.
Estaba aquel naufragio entre totales brazos,
troncos, cimas, auroras y esqueletos.
Estaban edificios de los plurales ojos,
de espanto y estupor anquilosados.
Estaban pueblos, tierras, estaciones,
y sangre en oleadas, de frenética espuma.
Estaban los pánicos, lo agónico, la herida.
Todo en la enloquecida marejada de furia
contra el ser a babor.

Solo, Salinas, nadador sagacísimo
sin brazos, pies, sombras que entorpezcan,
flota y flota en levedad perfecta,
entre brumas y sueños sonriente.
Salinas solo, sin la sal en su herida,
casi todo sonrisa,
mirada casi todo,
porque atisba,
porque colmena vísperas,

porque nada en presagios,
porque fabula y signa,
seguro de su azar
hacia la Isla.

* * *

—Isla, criatura de la luz y de los verdes,
mina de sueños, del soñar guarida.
Dame tu abrazo de ángeles
en pájaros colinas.

Acá, donde me fui, en lo gris,
en lo yerto —sonámbulo desvío—
hambres de verte amarte son el río
de mis lágrimas hondas hacia ti.

Isla, ¿te he visto, te viví?
¿Te estoy soñando
como ramaje de caricia muda,
y en la ausencia, tañido con sinfín?
¿Fuiste espejismo que agrietó mis noches?
¿Tenuidad fuiste de mi ver-mirar?
¡Isla, entre las nieblas,
hermosura con cielo vegetal!

—Poeta que te espero y te he mecido
en la fronda follaje del soñar.
Cielo a cielo te aguardo,
y ola a ola
he lavado las noches de mis nubes
con la espuma mejor de tu cantar.
Poeta ¡estás! acércate.
El labio de tu verso ya acaricia.

En esta soledad que sueña y silba
sálvese por la luz tu melodía
con mi abrazo palmar.
Gautier de mis entrañas dirá más.

* * *

Gautier Benítez:
¡Cuánto tiempo aguardándote de verte!
¡Cuántas brisas te tengo enamoradas!
¿Por qué camino urdiste
tus pisadas? ¿Qué lucero te trajo, o
qué gaviota? ¿Qué minuto,
qué llanto, qué palmar?

Salinas:
Cordial Gautier,
tu nombre dulcedumbre y tu llamear
de antiguo entre mis venas,
son mi aurora llegada.
Salvado tengo aquel gigante muro
en tu camino. Ya tengo el puro estar.
Árboles de aire en mi paso posadura,
árboles de entre chopo y flamboyán,
y arriba, peces voladores de luz
me defendían, por el hilo camino de un cantar.
Fue tu gentil garzota en marejadas,
o la novia primera del azar.
Fue el júbilo primero de la rosa.
Es la lágrima alegre del amar.

Gautier Benítez:
¡Qué alforjas con jardines has traído;
búcaros de perfumes columpiados!

Hacia la mar ensueño derramado.
Hacia la tierra ensueño florecido.

Háblame de ella,
de aquel mi santo amor que estás conmigo.
¿Cantan los ruiseñores cafetales?
¿Canta el blanco plumón de las neblinas?
¿Andan de corazones los espacios
poblando los fervores de la espiga?
Por el amanecer ¿qué rumbo late?
¿Es la sangre semilla?

Salinas:

He venido, Gautier, porque he venido
con mi increíble bomba por acento.
Donde muerden los fríos me han mordido,
y mi herida de luz puse en los ojos
de tu nieto jardín enceguecido.
Sé que hay páginas noches sobre estrellas.
Sé mi postrer volver con claro tino.

Y hacia ese amanecer que me recojo,
en mi dolor orilla,
sé que en tu santo amor
¡tan mío en el volver!
estallará el racimo.

(Inédito)

BIBLIOGRAFÍA *

I. *Textos poéticos*

CABRERA, FRANCISCO MANRIQUE: «Viento Tirador». «Vuelta». «Canción». «Voz Anclada». (Poemas.) En «Hablando con Francisco Manrique Cabrera», por Ángela Negrón Muñoz (entrevista q. v.), *El Mundo*, San Juan de Puerto Rico, 13 de septiembre de 1934, pág. 5.**

—: «Flor de Barranco» [*sic* «Barrancos»]. «Voz Anclada». (Poemas.) En *Brújula*, revista del Círculo Cultural de maestros de Español, San Juan de Puerto Rico, año II, tomo II, números 5-6, marzo de 1936, pág. 75.

—: *Poemas de mi Tierra Tierra*. San Juan de Puerto Rico, Romero y del Valle, 1936.

—: «Güiro». «Canción». «Fardos de Silencio». «Balada de la Flor Niña Muerta». (Poemas.) En *Brújula*, vol. II, números 7-8, diciembre de 1936, págs. 222-223.

—: «Canción que amarga vibra». (Poema, dedicado a «Pedro Albizu Campos y Hermanos en prisión».) San Juan de Puerto Rico, Editorial Borinquen, 1936.**

* Esta Bibliografía *no* pretende ser exhaustiva. Se limita a referencias que tienen que ver exclusivamente con la obra poética de Francismo Manrique Cabrera.

** Las fichas que tienen dos asteriscos al final corresponden a documentos que me fueron facilitados por doña Josefina Freiría de Cabrera, por lo que le doy las gracias.

CABRERA, FRANCISCO MANRIQUE: *Huella-Sombra y Cantar.* San Juan de Puerto Rico, Imprenta Venezuela, 1943.

—: «Árbol de Fuego al Tiempo». «Réquiem de Bienvenida a Pedro Salinas». (Poemas.) (Copias mecanografiadas, s. f.).***

—: «Algo». (Poema.) (Copia mecanografiada. Este poema fue publicado en *Claridad,* San Juan de Puerto Rico, año XII, núm. 274, el 20 de septiembre de 1970, en edición conmemorativa de El Grito de Lares.) ***

—: «Breve Canción-Pedrada». (Poema.) (Fotocopia del texto impreso en la revista *Bayoán.*) ***

II. *Sobre la obra poética de Francisco Manrique Cabrera*

AYALA, ELENA: «Huella-Sombra y Cantar». En *La Torre,* periódico de la Universidad de Puerto Rico, Río Piedras, Puerto Rico, vol. V, núm. 140, 23 de febrero de 1944, pág. 4.

BABÍN, MARÍA TERESA: «La poesía de Tierra Tierra». En *El Mundo,* 20 de diciembre de 1936, pág. 4. «Francisco Manrique Cabrera. *Poemas de mi tierra tierra.*» Talleres Tipográficos de Romero y del Valle. San Juan de Puerto Rico, 1936, 75 págs. En *Brújula,* vol. II, núms. 7-8, diciembre de 1936, pág. 271. «Ocho Poetas de Puerto Rico». En *Artes y Letras,* segunda época, San Juan de Puerto Rico, número 20, agosto de 1958, págs. 3-6.

BUITRAGO, JOSÉ A.: «Observaciones en torno a Poemas de mi Tierra Tierra». En *El Mundo,* 3 de octubre de 1936, páginas 6, 20.**

CADILLA DE MARTÍNEZ, MARÍA: «Voz del Solar». En *El Mundo,* 13 de septiembre de 1936.**

CASTRO, TOMÁS DE JESÚS: «Manrique Cabrera y su primer libro de versos...» En *Puerto Rico Ilustrado,* San Juan de Puerto Rico, año XXVII, núm. 1.389, 24 de octubre de 1936, págs. 28, 64.

*** Las fichas que tienen tres asteriscos al final se refieren a textos que me fueron facilitados por el doctor Francisco Manrique Cabrera.

FERRER [CANALES], JOSÉ: «Poemas de Tierra». En *Ambito*, San Juan de Puerto Rico, año I, núm. 6, enero-febrero de 1937, págs. 15 y 16.** (No he podido ver este artículo. J. E. G.)

FRÁNQUIZ, JOSÉ A.: «Los Tiempos Poéticos de Manrique Cabrera y la Metafísica del Tiempo en su poesía». En *Luminar*, México, IX, 1944. (Separata.)

GONZÁLEZ, JOSÉ EMILIO: *La Poesía Contemporánea de Puerto Rico* (1930-1960). San Juan de Puerto Rico, Instituto de Cultura Puertorriqueña, 1972. Ver págs. 152-156.

GROSSMANN, RUDOLF: *Historia y problemas de la literatura latinoamericana*. Tr. del alemán por Frau C. Probst. Madrid, Revista de Occidente, 1972. Ver págs. 448-491.***

MATOS PAOLI, FRANCISCO: «El Paisaje de la Poesía Puertorriqueña—Francisco Manrique Cabrera—Son de la Loma». En *Alma Latina*, San Juan de Puerto Rico, año XV, número 484, 10 de marzo de 1945, págs. 6, 31.

NEGRÓN MUÑOZ, ÁNGELA: «Hablando con Francisco Manrique Cabrera, Doctor en Filosofía y Letras de la Universidad de Madrid». En *El Mundo*, núm. 5.804, 13 de septiembre de 1934, págs. 1, 4, 5 (Entrevista.) **

RIVERA DE ÁLVAREZ, JOSEFINA: «Cabrera, Francisco Manrique». En *Diccionario de Literatura Puertorriqueña*. Río Piedras Puerto Rico, Ediciones de La Torre, Universidad de Puerto Rico, 1955, págs. 225-226. En *Diccionario de Literatura Puertorriqueña*, tomo I, San Juan de Puerto Rico, Instituto de Cultura Puertorriqueña, 1970, ver págs. 451-452.

SÁNCHEZ, MARÍA TERESA: «De mi tierra tierra», de F. Manrique Cabrera». En *El Mundo*, 29 de noviembre de 1936, página 9.**

ZAYAS MICHELI, LUIS O.: *Francisco Manrique Cabrera y la Generación del Treinta*. Disertación presentada a la Facultad de Estudios Hispánicos, como uno de los requisitos para obtener el grado de Maestro en Artes, en la Universidad de Puerto Rico. Río Piedras, Puerto Rico, mayo de 1969. (Copia mecanografiada.) **

ÍNDICE

INFORMACIÓN PERTINENTE 5

HOMBRE Y OBRA 7
Maestro de generaciones 7
Un solo sistema de expresión 8
La proyección del hombre total 10

POESÍA 13
Reto y Rumbo 13
A Pleamar de Isla 18
Velas hacia el ser 60
Ímpetu de trascendencias 71

LENGUA 73
Algunos procedimientos lingüísticos 77

DECIR POÉTICO 89

BREVE ANTOLOGÍA
Romance meñique 97
Viento tirador 99
Ritmo antillano 101

Vuelta 103
Mi verso 105
Canción 107
Tú 109
Batey 112
Güiro 115
Voz anclada 117
Los piladores 119
Caña 122
Los de tercera 125
Y ellos esperan 129
Sueño de sima a cima 133
Huellas (Presentes) 137
Sueño de sima-aurora 141
Réquiem de bienvenida a Pedro Salinas . . . 145

BIBLIOGRAFÍA 153

La edición de este libro, que consta de 1.500 ejemplares, se terminó de imprimir en GRAFIMAR, S. A., el día 30 de julio de 1976.

254